부인할 수 없는 증거들[전도실용서]

성경에 있는 과학적 사실들(제2권)

이 책을

_____ 님께

_____ 드립니다.

부인할 수 없는 증거들[전도실용서]

성경에 있는 과학적 사실들

제2권

UNDENIABLE EVIDENCE

레이 컴포트 지음
임금선 옮김

예찬사

번역을 마치고

앞서 발간된 『성경에 있는 과학적 사실들』이 입문서라고 한다면 이 책은 심화서라고 할 수 있다. 몇몇 중복된 주제에 대해서는 보다 구체적인 설명을 덧붙여졌다. 성경과 최근 과학적 연구결과를 토대로 누구나 궁금해 하는 몇 가지 과학적 논제에 대해 설명한다.

저자는 성경에 나타난 과학적 지식을 소개하는 것으로 그치지 않는다. 그 지식을 바탕으로 그리스도인들이 해야 할 일이 무엇인지 거듭 이야기한다.

저자가 반려견과 함께 자전거를 타고 전도 에피소드가 장마다 소개된다. 그 과정에서 저자의 전도 패턴을 배울 수 있다. 복음을 전할 때 경험하는 다양한 반응과 반기독교적인 질문에 대응하는 지혜도 배울 수 있다. 전도에 대한 두려움을 없애라고 강조하는 이 책은 우리의 지상명령을 상기시키는 아주 강력하고도 실용적인 책이다.

새로운 과학적 발견이 사실은 오래전부터 이미 성경에 기록되어 있었다는 사실을 깨달으면서 창조주의 존재와 그 능력을 실감하게 된다. 그리고 그동안 잠들어 있던 복음전도의 열정이 되살아나는 것을 느낄 수 있다. 성경과 과학적 사실들을 이야기 하지만 사실은 일종의 전도 핸드북이다.

목 차

들어가는 글

성경은 과연 사실인가?

성경이 정말 하나님의 말씀이라면 그 안에 담긴 메시지가 경이롭기도 하지만 두렵기도 하다. 왜냐하면 성경은 천국과 지옥에 대한 이야기를 하면서 우리에게 경고하기 때문이다. 믿는 사람들로서 우리는 성경이 하나님의 말씀이라는 것을 알고 있다. 그러나 어떻게 하면 이 사실을 다른 사람도 믿을 수 있도록 효율적으로 전할 수 있을까?

이 책에서 우리는 성경에 나타난 열 가지 주요한 과학적 사실을 통해 성경이 하나님의 감동을 받은 책이라는 것을 입증하게 될 것이다.

성경은 소위 "구원받지 못한 사람들"에게 도전한다. 그들 자신은 물론 그들이 사랑하는 사람들은 성경이 정말 인류를 향한 하나님의 메시지인지 직접 확인해봐야 한다고 말한다. 복음은 과연 하나님이 보내신 것일까? 갈수록 어두워지는 이 불안한 세상에서 소망과 쉼을 얻을 뿐 아니라 내세에 대한 두려움에서 벗어나게 할 무엇인가가 있다면 그것이 바로 복음이다. 복음이란 "기쁜 소식(good news)"을 의미한다.

그러나 우리가 정말 하나님의 시각으로 우리 자신을 보게 될 때만 기쁜 소식이다.

몇 년 전, 동역자 마크 스펜스는 매주 스무 명 정도의 여성들에게 성경을 가르쳤다. 여성들이 그토록 하나님의 말씀을 갈망한다는 것에 놀랐다. 어느 날 마크는 그들에게 또 다른 기쁜 소식을 전했다. 그가 약혼을 했다는 소식이었다. 그러자 그 다음 주부터 성경공부 모임에 아무도 나타나지 않았다.

마크에게 기쁜 소식이겠지만 그들에겐 그렇지 않다는 것을 충분히 납득할 수 있다. 왜냐하면 마크는 키가 크고, 피부 빛도 건강했고, 손 재주도 뛰어나 부탁만 하면 언제든지 고장난 물건들을 척척 고쳐주었기 때문이다. 여하튼 누군가에겐 기쁜 소식이 누군가에게는 기쁜 소식이 아닐 수 있다.

복음도 마찬가지이다. 복음은 죽어가는 인류에게 영원한 생명을 주겠다는 하나님의 제안이다. 그러나 많은 사람들이 복음을 기쁜 소식으로 여기지 않는다. 복음이 정말 기쁜 소식이라는 것을 입증하는 증거를 대도 소용이 없다. 만일 당신이 철저한 회의론자라면, 증거를 인정하지 않음으로써 쉽게 거부할 수 있다. 증거로 제시된 "분명한 사실들"은 성경에 추가 된 것이거나 저자의 의도와는 전혀 다르게 해석되었다고 말하면 된다. 아니면 혹시 신의 존재를 입증했다고 하더라도 그 신이 기독교의 하나님을 말하는 것이 아니라고 우길 수도 있다. 이 경우 증거는 아무런 소용이 없게 된다.

지금은 고인이 된 달변가이며 많은 사람에게 호감을 안겨주던 무신론자 크리스토퍼 히친스는 다음과 같은 말을 했다.

> 만일 당신이 이신론(理神論:하나님이 우주를 창조하긴 했지만 관여는 하지 않고 우주는 자체의 법칙에 따라 움직인다고 보는 사상-네이버 사전 참조)을 인정한다면, 당신이 앞서 행한 모든 수고는 결국 유신론자가 되기 위한 준비에 불과하다.
>
> 그 결과 당신은 인간이며 신이라고 주장하는 존재, 물리학적 현상을 초월하는 이 존재가 당신이 누구와 잠을 자야 하는지, 돼지고기를 먹어야 할지 말아야 할지, 어떤 날을 거룩하게 지켜야 할지 등을 간섭하는 것을 허용해야 한다. [1]

좋은 지적이다. 우리 인간을 포함하여 만물을 창조한 어떤 존재를 믿는다는 것은, 그 존재가 피조물에 관심을 갖는다는 것을 인정하는 것이다. 한 예로 당신이 간음을 행할 때 결코 그것을 방관하지 않는다는 것이다. 이 책의 후반부에서 이러한 궁금증이 쉽게 풀릴 것이다. 그리스도인으로서 우리는 성경은 하나님의 메시지라는 증거로 종종 예언을 거론한다. 성경에는 여러 가지 예언이 등장한다. 한편 인간은 내일 날씨조차 정확하게 예측할 수 없다. 따라서 믿는 사람들은 성경의 예언과 그 성취를 통해 성경은 하나님에 의해 쓰인 것이라는 입장을 고수한다.

반면에 강경한 회의론자는 100개의 화살을 공중에 쏘면, 적어도 한 두 개 정도는 맞지 않겠느냐며, 예언도 마찬가지라는 주장을 고수할 것이다. 어떤 면에서는 이러한 주장이 맞을 수도 있다. 유명한 노스트라다무스의 예언을 생각해보라. 장차 일어날 일에 대한 그의 예언이 너무 모호하다보니, 역사 속에서 비슷한 사건만 일어나도 사람들은 그 예언이 적중되었다고 쉽게 확신한다.

특히 성경을 모르는 사람들은 더욱 그러하다. 노스트라다무스는 은밀히 성경을 읽었고, 그 가운데 일부 예언을 도용하여 자신의 것으로 삼아 성경을 알지 못하는 사람들로부터 신뢰를 얻었다. 그래서 그의 예언은 출판업자와 영화제작자들에게 큰 사업이 되었으며, 그의 예언을 믿는 사람들이 많아질수록 그들 사업의 이윤도 늘어났다. 그러나 그의 예언을 믿는 사람들이 없어지면, 그들의 사업도 타격을 받게 될 것이다. 그러나 진짜 심각한 문제는 성경에 대한 신뢰까지 무너뜨린다는 것이다. 이것은 노스트라다무스를 믿느냐 안 믿느냐의 문제가 아니다. 그의 예언을 믿지 않는다고 해서 심각한 결과를 초래하는 것은 아니기 때문이다. 그러나 성경이 말하는 것을 믿지 않으면 무서운 결과를 초래하게 된다. 왜냐하면 순전한 믿음은 항상 어떤 반응을 일으키기 때문이다. 예를 들어 안전핀이 뽑혀 있다고 **믿는** 수류탄이 당신 발밑에 떨어진다면 당신은 달아날 것이다. 반면에 그 사실을 믿지 않는다면 아마도 그 자리에 그냥 서 있을 것이다. 만일 당신과 내가 천국과 지옥에 관해 말하는 성경을 진정으로 믿는다면 우리는 그에 상응하는 반응을 하게 될 것이다. 반면에 믿음이란 나약한 사람들을 위한 것이라고 생각하는 사람들은 째깍거리는 시한폭탄이 발밑에 떨어져야 뒤늦게 자신의 생각이 틀렸다는 것을 알게 될 것이다.

'중년의 위기'라는 표현의 모순점

수많은 사람들이 "중년의 위기(mid-life crisis)"라는 말을 잘못 사용하고 있다. 사실 중년, 즉 인생의 중간지점이 언제인지 정확히 아는 사람은 아무도 없기 때문에 이 표현을 누구에게나 동일하게 적용시킬 수 없다. 자기가 언제 죽을지 알아야만 인생의 중간지점을 정확히 알 수 있다. 만일 당신이 86세에 죽을 것이라고 알고 있다면, 당신이 43세가 되었을 때 중년의 위기를 맞았다는 말을 할 수 있다.

따라서 사람들에겐 **자신이 언젠가는 죽는다**는 것을 깨닫는 것이 훨씬 더 유익하다. 자신이 죽어가고 있다는 것을 알지만, 그에 대해 할 수 있는 일이 없다는 것을 깨달을 때가 위기이다. 그림 리퍼(Grim Reaper: 긴 낫을 들고 해골 얼굴에 망토를 걸친 죽음의 신-옮긴이)는 필연적으로 다가올 때 영원한 어둠의 그늘이 드리울 것이다.

그러나 그리스도인들은 죽음의 문제에 대해 이미 어떤 결단을 내렸기 때문에 위기로 다가오지 않는다. 따라서 믿는 사람들은 죽음은 운명이라고 체념하며 굴복하지 않고, 죽음으로부터 자유로워진다. 우리는 그리스도 안에서 죽음을 이겼기 때문이다. 이 기쁜 소식을 알고 받아들이지 않으면 날로 심해지고 두려워지는 위기를 죽을 때까지 겪게 될 것이다. 그래서 우리는 잃어버린 자들이 오늘 밤 당장 죽을지도 모른다는 위기감을 갖고 그들에게 복음을 전해야 한다.

만일 당신이 불신자라면 내가 성경이 하나님의 감동으로 쓰인 것이라는 사실을 입증하기 보다는 죽음 문제를 거론하는 것에 대해 의아해 할 것이다. 그러나 죽음이라는 것은 복음이라는 성경의 대 주제의 한 부분을 차지한다. 그리고 그 복음은 곧 "기쁜 소식"이다.

복음은 단순하나 심오한 메시지이다. 즉 예수 그리스도가 고난을 받고, 우리 죄를 위하여 죽으셨으며, 사흘 만에 다시 살아나셨다는 메시지이다. 이에 대해 성경은 훨씬 더 간단명료하게 말한다. "그리스도께서는 죽음을 폐하시고, 복음으로 생명과 썩지 않음을 환히 보이셨습니다."(딤후 1:10) 이성적인 불신자들에겐 이 구절 자체가 말도 안 되는 소리로 여겨질 것이다.

24시간 마다 150,000명의 사람들이 죽는다. 이러한 상황에서 예수가 죽음을 폐했다는 말은 무지하고, 순진하고, 짜증이 날 정도로 어리석어 보인다. 그래서 우리는 죽음의 본질을 이해할 필요가 있는 것이다. 성경은 죽음을 "죄의 삯"이라고 말한다. (로마서 6:23참조) 이 땅에서의 죽음은 첫 번째 삯, 즉 첫 번째로 치르는 값이다. 우리는 우리 죄에 대해 사형선고를 받았다. 인본주의, 즉 인류가 그처럼 끔찍한 판결을 받을 정도는 아니라는 철학적 세계관을 포용하고 있는 이 세상에겐 삼키기에 너무 쓴 약이다. 믿기 힘들겠지만 죽음은 하나님은 죄를 매우 심각하게 여기신다는 것을 확인시키기 위해 파견된 대리인과 같다. 사실 단지 대리인이 아니라 그 이상이다. 마치 하나님의 도덕법을 어긴 죄로 재판을 받게 하기 위해 우주의 재판관이신 그분 앞으로 우리를 데려가는 청원경찰과도 같다. 그곳에서 유죄판결을 받은 사람들은 하나님의 감옥, 이른바 지옥으로 불리는 끔찍한 곳으로 가게 될 것이며, 가석방은 일체 허용되지 않는다.

그러나 복음을 전하기에 앞서서 복음을 이해하는데 도움을 주는 것들이 있다. 이것은 성경에 나타난 과학적 사실 또는 예언적 사실보다 훨씬 설득력이 있다. 내가 전도하며 경험한 이야기를 여러 편 이 책에 넣은 것도 이 때문이다. 실제경험이 얼마나 중요한지 설명하기 위해 한 가지 간단한 질문을 하겠다. 한 시각 장애인이 만원버스에 오르자 한 사람이 즉시 자기 자리를 양보했다. 과연 잘 한 일일까? 당연히 잘한 일이다. 이 얼마나 친절하고 사려 깊은 행동인가. 그러나 그 답은 틀렸다. 그의 행위는 도덕적으로 문제가 있을 뿐 아니라 어리석기 까지 하다. 그의 직장상사는 그가 자리를 양보했다는 사실을 알고 그를 해고했다. 그것은 당연한 처사였다. 왜냐하면 자리를 양보한 사람은 다름 아닌 **운전기사**였던 것이다.

자리를 양보한 사람이 운전기사라는 것을 아는 순간 우리의 관점은 즉시 바뀐다. 정보를 얻었기 때문에 우리의 사고가 재구성된 것이다. 이것이 바로 복음을 전하기 전에 어떤 정보나 지식, 또는 이야기를 이 책에 담은 이유이다. 이 책에는 여러 가지 정보가 담겨 있고, 그 구체적인 정보를 통해 복음에 대한 우리의 생각은 근본적으로 바뀔 수 있다. 즉 복음은 말도 안 되는 어리석은 말이 아니라 당신이 듣고 싶어 하는 가장 위대한 소식이 될 것이다. 이 책에 잡다한 내용을 소개했다. 그러나 이를 통해 당신은 지식 그 이상의 것을 접하게 될 것이다. 왜냐하면 그 지식이란 하나님이 우리에게 주신 복음 안에 있는 것이기 때문이다. 요한복음 16장 8절에서 예수님은 성령이 하는 일에 대해 이렇게 말씀하셨다.

> "그가 오시면, 죄와 의와 심판에 대하여 세상의 잘못을 깨우치실 것이다."

유능한 검사가 해야 할 일은 죄를 지은 범죄자에게 유죄판결을 내리는 것이다. 유죄판결을 받은 죄인은 자신의 행위가 도덕적 기대수준에 미치지 못했다는 것과, 그에 상응하는 판결이 내려졌다는 것을 알게 된다. 이처럼 우리가 율법이 요구하는 기대수준에 미치지 못했다는 것을 깨달을 때, 비로소 복음의 기쁜 소식을 들을 준비가 된 것이다.

성령은 우리가 죄인이라는 사실을 깨닫게 한다. 나 역시 이러한 체험을 했다. 그리고 다른 많은 사람도 동일한 체험을 했을 것이다. 이러한 깨달음을 통해 우리는 십자가 앞으로 나갈 수 있다. 죄와 의와 심판은 지적인 문제가 아니라 도덕적 문제이기 때문이다. 성령은 우리의 **지적** 확신을 통해 성경이 하나님의 말씀이라는 확신을 갖게 하지 않는다. 지적확신은 회심의 **수단**이 아니라 **결과**가 되어야 한다. 죄를 인식하지 못하면 그 누구도 구세주께 나올 수 없다. 또한 구원의 필요성도 구세주의 필요성도 느끼지 못한다.

앞서 언급했듯이 이 책에 담긴 과학적 사실은 지성을 위한 빛의 역할을 하나, 이 빛은 쉽게 꺼질 수 있다. 그러나 각 장 끝 부분에 실린 복음 전도 사례는 우리의 양심을 비추는 빛이며, **이 빛**은 쉽게 꺼지지 않는다.

양심은 사회적 틀 속에서 형성된 것인듯하나 사실은 하나님이 주신 것이며, 독립적이다. 양심은 둔해지고, 그 빛을 잃어가다가도 다시 소생할 수 있다. 또 때로는 양심의 빛이 너무 강한 나머지 사람들은 괴로움으로 인해 술을 마시기도 하고, 심지어 자살까지 한다. 그러나 나는 이 양심의 빛이 당신을 구세주로 인도하기를 바란다. 그리고 예수 그리스도는 죽음을 폐하시고 복음을 통해 영생의 빛을 비추신다는 것을 전하고 싶다. 복음이야말로 자신의 삶을 소중하게 여기는 사람들에게 기쁜 소식이다. 정말 매우 기쁜 소식이다.

이 책을 쓰게 된 또 다른 이유

내가 이 책에서 나의 전도 경험담을 소개하는 또 다른 중요한 이유가 있다. 이 세상에 있는 교회의 목적은 지상명령(마태복음 28:18-20 "너희는 가서, 모든 민족을 제자로 삼아서, 아버지와 아들과 성령의 이름으로 세례를 주고, 내가 너희에게 명령한 모든 것을 그들에게 가르쳐 지키게 하여라.")을 수행하는 것이다. 예수님은 고난을 받으시고 죄인들을 죽음과 지옥으로부터 구해내기 위해 죽으셨다는 것이 우리가 이 죽어가는 세상에 전할 메시지이다. 그러나 최근 바나 그룹의 조사에 다르면 현대 교회의 51퍼센트가 지상명령에 대해 들어 본적이 없으며, 6퍼센트는 잘 모르고 있고, 25퍼센트는 그

뜻이 무엇이었는지 정확히 기억할 수 없다고 답했다고 한다. [2]

나머지 17퍼센트 교회만 지상명령의 의미를 알고 있었다. 소수이긴 하지만 이들은 가서 모든 민족을 제자 삼으라는 명령에 실제로 순종하고 있었으며, 아주 극소수가 성경적인 방법으로 이 일을 행하고 있다.

빌 브라이트는 그의 저서 『다가오는 부활(*The Coming Revival*)』에서 이렇게 말했다. "미국 기독교 신자 가운데 겨우 2퍼센트만 자기들이 믿는 그리스도에 대해 다른 사람들에게 이야기 한다." [3] 여러분도 감동을 받고 고무되어 자신의 믿음을 다른 사람들에게 전하고 싶은 마음을 품게 되길 바란다. 그러나 전도를 해본 적이 없는 사람의 경우, 전도를 할 때 말이 잘 나오지 않을까봐 고민할 수 있다.

"에바다!"

"혀가 묶여 있다(tongue tied:말문이 막히거나 말이 잘 안 나온다)"의 의미를 아는가? 부끄럽거나 당황해서 말을 잘 못할 때를 일컫는 말이다. 당신이 복음을 전할 때마다 부끄럽고, 당황스럽다면 다음 이야기가 도움이 될 것이다.

2017년 4월, 텍사스주 출신의 6살 난 소년이 소아 치과의사에게 진료를 받았다. 그 아이는 한 번도 또렷한 발음으로 말을 한 적이 없었다. 그 아이의 말은 도무지 알아들을 수가 없었고, 그의 부모만 겨우 이해할 수 있었다.

아이를 살펴보던 의사는 아이의 혀가 달라붙어 있다는 것을 알아챘다. 즉 아이의 혀주름 띠(lingual frenulum:혀의 아랫부위와 입바닥 사이의 주름)가 다른 사람들보다 짧아서 혀가 자유롭게 움직이는 것을 방해했던 것이다. 의사는 대기실에 있는 아이의 부모에게 가서 그것을 잘라도 될지 물었다. 부모의 허락을 받은 의사는 단 10초 만에 그것을 잘랐고, 아이는 그 즉시 또렷하게 말할 수 있게 되었다.

우리는 마가복음 7장 32-35절에서 비슷한 사건을 발견할 수 있다. 예수님이 "귀 먹고 말 더듬는 사람을"위해 기도하셨다고 성경은 말한다. 예수님은 "에바다(열리라는 뜻)"라고 말씀하셨다고 성경은 말한다. 그러자 "곧 그의 귀가 열리고 혀가 풀려서, 말을 똑바로 하였다." 그의 귀가 열리자 똑바로 말을 했다.

당신이 복음을 전하려고 하나 말을 분명하게 할 수 없다면 그 문제를 확실히 해결할 수 있는 빠르고 간단한 시술, 곧 해결책을 제시하겠다. 문제는 당신 자신이 마땅히 도달해야할 어떤 수준에 못 미친다는 것을 양심이 일깨우기 때문이다. 이러한 양심의 가책이 당신을 붙들어 매고 있다면 고통스럽더라도 매인 부분을 잘라야 한다. 그래야만 하나님이 주신 의무를 수행할 수 있다. 이 말에 귀를 기울인다면 버벅대지 않고 명료하게 복음을 전도할 수 있을 것이다. 더 나아가 이를 통해 당신의 삶도 변하게 될 것이다.

찰스 스펄전은 말했다. "다른 사람들이 구원받기를 바라지 않습니까? 바라지 않는다면 여러분은 구원받은 것이 아니라는 사실을 명심하십시오." 다른 사람들이 영원히 지옥에 거하게 되는 것을 염려하기보다 여러분이 당황한 나머지 일시적으로 말문이 막히는 것을 더 염려한다면 어떻게 하나님의 사랑이 당신 안에 있다고 말할 수 있겠습니까? 만일 여러분이 잃어버린 자들의 구원에 대해 깊은 관심을 갖고 있지 않다면, 저는 여러분의 구원이 매우 크게 염려됩니다.

이것은 곧 당신을 향한 말이기도 하다. 아무쪼록 이 말이 당신에게 도움이 되기를 바란다. 당신이 마음만 먹으면 분명한 어투로 복음을 전할 수 있다. 그리고 당신이 복음을 전하기 시작하면, 만나는 사람들을 통해 더욱더 자신감을 얻게 될 것이다.

이제 왜 이 책에 전도하면서 주고받은 대화를 실었는지 이해가 갈 것이다. 이어 성경에 있는 몇 가지 과학적 사실들을 살펴보기로 한다. 1장에서 10장까지 성경에 기록된 과학적 사실 열 가지를 살펴볼 것이다. 주요내용을 기억하는데 도움을 주기 위해, 각 장마다 다음 장으로 넘어가기에 전에 개인(또는 이 책을 함께 읽는 그룹)을 "돌아보기"를 실었다.

제1장
우주 공간을 떠다니는 지구

우리가 우주에 떠 있는 거대한 공 모양의 바위 위에 살고 있다는 생각을 해본 적이 있는가? 물론 이것은 극단적인 표현이다. 우리는 우주에 떠 있으면서도 원을 그리며 광대한 우주 속에서 돌고 있기 때문이다. 우주 여행시대의 도래와 함께 우리는 전보다 많은 해답을 얻었지만, 그것들은 더 많은 질문을 안겨줄 뿐이다.

어떻게 지구가 자전을 하는지, 왜 자전을 하는지, 무엇이 자전을 하게 하는지, 어떻게 공전을 하며, 언제부터 공전을 하고 있는지, 어떻게 지구가 우주에 떠 있을 수 있는지, 우주란 무엇인지, 이 모든 것은 어디에서 온 것인지. 세상의 과학은 어떻게, 무엇이, 언제, 어디서, 왜에 대한 답을 찾는 것에 자부심을 가지고 있다. 그러나 **"누가?"**라는 질문에서는 몇 가지 이유로 멈춘다. 왜 **"누가?"**라는 질문을 생략하는 걸까? 만일 우리의 사실을 규명하는 것이라면 우리는 "누가?"라는 질문이 불편하더라도 추적해야 한다.

아주 거대한 동물

지구는 거대한 동물 위에 앉아 있다는 식으로 믿던 아주 오래전(아마도 1500 BC), 성경은 지구가 우주 안에 자유롭게 떠돈다고 말했다.

> "하나님이 북쪽 하늘을 허공에 펼쳐 놓으시고, 이 땅덩이를 빈 곳에 매달아 놓으셨다."(욥기 26:7)

이 구절에서 행위의 주체는 "그(He)"("He spreads out the northern skies over empty space; he suspends the earth over nothing."-영어성경 참조 NIV)라는 것을 알 수 있다. 성경에 따르면 지구의 회전, 또 우주 속을 떠다니는 것 등이 우연이 아니다. 그것은 하나님이 의도적으로 하신 일이다. 나는 하나님의 능력에 대해 넋을 잃을 정도로 놀란 탓에 이 책에서 같은 말을 수 없이 반복하게 될 것이다. 도대체 어떻게 이 지구를 만드셨으며, 그것을 우주 빈 곳에 매달아놓으셨으며, 어떻게 팽이처럼 축을 중심으로 돌게 하셨을까? 어떻게 그분은 마치 공기알처럼 지구를 튕겨 이 거대한 지구를 우주 속에서 궤도를 따라 돌게 하셨을까? "태초에 하나님이 천지를 창조하시니라"(창세기 1:1) 이것 역시 하나님이 하신 일이다. 이따금 우리는 "태초(beginning)"이라는 말에만 너무 초점을 맞추다가 "어떻게(How)?" 또는 "누가(Who)?"를 간과한다. 그는 지구를 빈곳(nothing)에 매달아 놓으셨다. 이에 대해 우리는 "우와!"라는 짧은 감탄사 외에는 할 말이 없다.

과학은 3,000년이 지난 서기 1650년까지는 지구가 우주에 매달려 있다는 사실을 발견하지 못했다.

1475년 코페르니쿠스의 발견 이후 천문학자들은 문자 그대로 지구가 빈 곳(우주 공간)에 매달려 있거나 우주를 자유롭게 떠다닌다는 사실을 발견했다. 천문학의 면밀한 연구가 진행될 때, 세계 다른 문화권에서는 그들의 문화와 사고방식에 따라 지구의 본질을 이해했다. 예컨대 힌두인들은 아쿠파라(Akupara)라는 우주 거북이 등에 서 있는 네 마리의 코끼리가 등으로 지구를 떠받치고 있다고 믿었다. 그리스 시인 헤시오도스의 그리스신화를 보면 아틀라스가 등에 지구를 떠받치고 있다고 믿었다. 북유럽 신화에서는 위그드라실(Yggdrasil)이라는 거대한 나무가 지구와 함께 다른 8개 세계를 떠 받치고 있다고 주장한다. [4]

1680년대, 아이작 뉴턴 경은 지구가 중력에 의해 궤도에서 벗어나지 않고 우주 공간에 매달려 있다는 것을 발견했다. 그의 이론은 최근 우주 비행을 통해 입증되었다. [5]

회의론자의 주장

완고한 회의론자들은 "이 땅덩이를 빈 곳에 매달아 놓으셨다."라는 말을 문자 그대로 받아들이려고 하지 않는다. 이것을 인정한다는 것은 곧 성경구절이 성경이 하나님의 감동으로 쓰였다는 사실을 인정한다는 것이며, 궁극적으로는 죄가 안겨주는 일시적인 쾌락에 찬물을 끼얹기 때문이다. 그래서 자신의 풍부한 상상력과 성경구절을 이용하여 반대되는 사실을 입증하려고 애쓴다. 그리고 무엇인가를 찾아내지만 그것은 오히려 스스로를 옭아맬 뿐이다. 욥기서의 말씀은 욥의 상상일 뿐이라고 회의론자는 말한다.

첫째, 지구가 어딘가에 매달려 있든 아니든, 이런저런 추측을 해본 다는 것은 좋은 일이다. 그리고 그 추측이 들어 맞을 확률은 반반이다. 욥이 관찰 할 수 있는 것에 초점을 맞추어 생각해보자.

1) 지구를 하늘에 매달아 놓기 위한 그 어떤 지지물도 보이지 않는다.
2) 태양과 달 역시 어떤 것에도 매달려 있지 않다.
3) 그리고, 태양이 동쪽에서 떠서 서쪽으로 지며, 이것을 방해하는 그 어떤 것도 볼 수 없다. (즉 태양이나 달 밑에 아무 것도 없듯이 지구 아래에도 아무것도 없다는 의미이다.)

따라서 욥의 생각은 비이성적이고 불가능한 일이며, 하나님의 계시도 아니다.[6]

무에서 유를 창조하는 것을 과학적 불가능으로 믿는 무신론자들도 수긍하지 않을 수 없을 것이다. 뒷받침할 근거가 없음에도 불구하고 영장류가 진화하여 인간이 되었다고 쉽게 믿는 사람들에게조차 욥의 생각은 불가능한 일이 아니다. 물론 욥의 생각을 과학적 방법으로 실험을 하거나 관측을 할 수도 없다. 그러나 떨어지는 나뭇잎, 또는 아주 작은 깃털만 보더라도 중력이 작용한다는 것을 알 수 있을 정도의 이성이 있는 사람들이라면 충분히 수긍할만하다. 왜냐하면 이 거대한 지구가 깃털보다 더 가볍기 전에는 허공에 떠있을 수 없다는 것을 알기 때문이다. 솔직히 말하자만 회의론자의 반박은 어불성설이다. 성경을 인용하여 두 번째 반박을 시도한다.

> 둘째, 만일 그들이 지구가 떠 있지 않다는 회의론자들의 주장이 맞다고 할지라도 누군가가, 즉 하나님이 지구를 붙들고 유지한다는 것을 말해주는 성경구절이 아주 많다.

> "지진을 일으키시어 땅을 그 밑뿌리에서 흔드시고, 땅을 받치고 있는 기둥들을 흔드신다."(욥기 9:6)

> "내가 땅의 기초를 놓을 때에, 네가 거기에 있기라도 하였느냐? …무엇이 땅을 버티는 기둥을 잡고 있느냐? 누가 땅의 주춧돌을 놓았느냐?"(욥기 38:4-6)

> "땅의 기둥들은 여호와의 것이라 여호와께서 세계를 그것들 위에 세우

셨도다."(사무엘상 2:8)

"땅이 진동하고 거기에 사는 사람들이 흔들리고 비틀거릴 때에, 땅의 기둥을 견고하게 붙드는 자는 바로 나다."(시편 75:3)

지구가 떠 있거나, 아니면 걸려 있거나 두 가지 가능성만 존재하고 이두 가지가 모두 성경에 기록되어 있기 때문에 성경이 말하는 것은 백퍼센트 옳다. (물론 회의론자들의 주장을 폄하하는 것은 아니다.)

오늘날의 신앙인들은 지구가 우주에 떠 있다는 것을 이미 알고 있기때문에, 지구가 걸려 있다는 구절만 문자적으로 해석하면서 기둥에 관한 모든 구절은 은유적인 것이라고 주장한다.[7]

이에 대해 회의론자들은 그리스도인들의 선별적인 생각을 비난하며, 자신들이 생각하는 성경의 주장은 단 두 가지뿐이라고 말한다.

1. 물리적인 기둥이 받치고 있다.
2. 우주에 자유롭게 떠 있다.

그러나 기둥에 대한 제 3의 해석이 하나 더 있다. 그것은 약 300년 전의 것으로 (1766년 처음 출판된)존 길의 주석에 등장한다. 그는 **기둥**(Pillars)이라는 단어 사용에 대해 다음과 같이 분명히 설명한다.

주께서 땅의 기초를 튼튼히 놓으셨고.
그 기둥으로 흔들리지 않게 하셨다.

그러나 그 기둥들은 다름 아닌 하나님의 능력과 섭리이다. 그렇지 않
고서는 이 지구가 허공, 즉 대기권 밖의 공간에 에 매달려 있을 수 없
다. 하나님만이 이 문제를 해결할 수 있고 해결하셨다고 사료된다.
그리고 앞 구절과 연관 지어 볼 때 이 모두가 하나님의 섭리와 은혜라
는 것이 증명된다.

비유적으로 이 땅의 기둥들은 이 세상을 다스리는 세상의 왕이나 최
고 통치자 또는 행정관을 의미한다. (스가랴 10:4; 시편 47:9) 또한 기둥은
이 땅의 사람들을 결합시키고, 지지하며, 보호하고, 평화를 유지시키
고 재산을 보호하는 수단으로서의 의미를 지닌다. 또한 비유적으로
이 세상에서 자기 자리를 지키며 세상을 유지시키기 위해 소금 역할을
하는 선한 사람에 비유되기도 한다. 교회는 진리의 기둥이며 터이다.
그리고 하나님의 집에 거하는 모든 사람들, 특히 복음을 전하는 자들
이 기둥이다.[8]

사람을 기둥에 비유한 성경구절들을 소개한다.

"이기는 사람은, 내가 내 하나님의 성전에 기둥이 되게 하겠다. 그는
다시는 성전을 떠나지 않을 것이다. 나는 내 하나님의 이름과 내 하
나님의 도시, 곧 하늘에서 내 하나님께로부터 내려오는 새 예루살렘

의 이름과 또 나의 새 이름을 그 사람의 몸에 써 두겠다."(요한계시록 3:12)

"만일 내가 늦어지더라도, 하나님의 가족 가운데서 사람이 어떻게 처신해야 하는지를 그대가 알게 하려는 것입니다. 이 가족은 살아 계신 하나님의 교회요, 진리의 기둥과 터입니다."(디모데전서 3:15)

"그래서 기둥으로 인정받는 야고보와 게바와 요한은, 하나님이 나에게 주신 은혜를 인정하고, 나와 바나바에게 오른손을 내밀어서, 친교의 악수를 하였습니다. 그렇게 하여, 우리는 이방 사람에게로 가고, 그들은 할례 받은 사람에게로 가기로 하였습니다."(갈라디아서 2:9)
"지혜가 일곱 기둥을 깎아 세워서 제 집을 짓고,"(잠언 9:1)

쉬어가기

'웨이트와처스(Weight Watchers:*다이어트 제품 및 프로그램 서비스 브랜드)'을 포함하여 수많은 다이어트 관련업체들은 우리가 체중에 관심을 갖기를 원한다. 정크푸드나 패스트푸드 업체는 우리 체중에 영향을 미친다. 따라서 어찌보면 이 두 업체는 서로 공생의 관계라고 할 수 있다. 우리는 먹을 것을 사는데 돈을 쓰고, 살을 빼는 데에 또 돈을 쓴다. 그리고 이것은 두 업체의 수입으로 이어진다. 성경은 말한다. "식욕이 마구 동하거든, 목에 칼을 대고서라도 억제하여라." (잠언 23:2) 만일 우리가 이 말씀을 철저히 지킨다면 이 두 업체는 모두 망하고 말 것이다.

'체중(weight)'의 사전적 의미는 "인체의 상대적 질량 또는 내포된 물질의 양이다. (뉴턴의 중력 법칙에서) 중력이 결정하는 질량이다. 사람이나 물체의 무게이다." 그러나 우리 몸무게보다 지방의 양이 **진짜** 문제이다. 날씬하면서도 근육의 굴곡이 있는 듯 보이면 멋져 보이기 때문에 몸무게가 많이 나가도 크게 걱정할 필요가 없을 것이다.

이 지구의 질량은 어느 정도나 되는지 생각해본 적이 있는가? 모든 바다와 지구를 둘러싼 거대한 산과 코끼리, 고래, 그리고 각종 동물, 거기에 70억명에 달하는 사람들, 게다가 그들 가운데 다수가 과체중이다. 이 모두의 무게가 어마어마할 것이다.

> 그렇다면 지구 자체의 무게는 얼마나 될까? 지구의 질량은 5.972섹스틸리언(1,000의 21제곱)m톤이다. ... 즉 약 5,972,000,000,000,000,000,000 톤 이상이다.[9]

우리가 헤아릴 수 없을 정도의 큰 숫자이다. 그러나 우리가 알 수 있는 것은 하나의 큰 공을 이루는 거대한 바다와 거대한 산, 그리고 그 속의 물방울 하나하나, 그 속의 원자까지 모두 하나님이 만드시고, 우주에 걸어놓으셨다고 성경이 말하고 있다는 것이다.

지구의 구성요소

지구를 구성요소에 대해 생각해 본 적이 있는가? 겉 표면은 우리가 흔히 말하는 **흙**(soil) 또는 흙먼지(dust of the earth)로 이루어져 있다. 많은 불신자들은 우리 몸의 구성원소가 흙의 구성요소와 같다고 해서 우리가 별먼지(star dust:우주진), 즉 별먼지로 만들어 졌다고 믿는다. "물리학 관련 웹사이트 Physics.org,에 따르면 우리는 모두 우주진으로 만들어졌다."[10]

> 수십 년 동안 과학 대중화에 앞선 전문가들은 인간은 우주진으로 만들어졌다고 말해왔다. 현재 150,000개의 별을 조사한 결과 이들의 주장이 일부는 사실이라는 것을 보여준다. 연구결과에 따르면 인간과 은하계는 약 97퍼센트 동일한 원자를 지니고 있다. 그리고 이러한 생명의 원소는 은하계 중심에서 더욱더 강하게 나타난다. 지구 위의 모든 생명체의 필수 원소, 또는 생명요소인 탄소(carbon), 수소(hydrogen), 질소(nitrogen), 산소(oxygen), 인(phosphorus), 황(sulfur)을 줄여 '크놉스(CHNOPS)'로 부른다. 천문학자들은 처음으로 거대한 별들의 샘플을 분류하여 목록을 만들었다.[11]

그러나 우리는 수 천 년 전에 창세기는 하나님이 땅의 티끌로 사람을 만드셨다고 말했기 때문에 우리가 흙[먼지, 티끌]에서 왔다는 것을 이미 알고 있다.

"그때 여호와 하나님이 땅의 티끌로 사람을 만들어 그 코에 생기를 불어넣으시자 산 존재가 되었다."(창세기 2:7)

흙으로부터 나온 것은 인간만이 아니다. 우리의 먹을 것도 흙에서 나온다. 온갖 식물, 과일나무 등이 흙으로부터 생명을 얻고, 흙 속에서 자란다. 그리고 이것을 먹는 모든 동물들이 결국 흙으로 돌아간다, 우리는 흙을 발로 짓밟으나 흙이 없으면 살아있을 수 없다.

그리고 이 거대하고 무거운 흙덩이 구(球)가 깃털보다 가볍게 우주를 둥둥 떠다닐 수 있는 것은 하나님이 그렇게 하셨기 때문이다. 당신은 이 사실을 믿는가? 만일 믿지 않는 다면 몇 가지 증거를 제시해보겠는가?

리처드 도킨스는 우리 시대의 가장 유명한 무신론자였다. 그러나 그가 무신론자로 유명세를 떨치기 전, 전 세계적으로 존경을 받는 또 다른 무신론자가 있었다. 그는 바로 옥스퍼드 대학에서 강의하던 영국인 철학자 앤터니 플루이다. 위키피디아에 따르면:

분석철학과 증거주의 철학파에 속하는 플루는 종교철학과 관련된 그의 논문으로 악명을 떨쳤다. ... 철저한 무신론자로 잘 알려져 있는 그는 하나님에 대한 경험적 증거가 드러나기 전까지는 무신론을 전제로 해야 한다고 주장했다. 그는 또한 사후 세계에 대한 개념과 자유의지와 악의 문제의 상충, 하나님에 대한 개념과 의미를 비판했다. 그러나 2004년 그는 자신의 입장을 바꾸어 우주의 지적 창조주의 존재를 인정했고, 이로 인해 그의 동료와 무신론자들에게 큰 충격을 안겨 주었다. ... 그는 평생 증거를 찾는 일에 몰두했으나, 이제 하나님의 존재를 믿는 다고 말했다. [12]

플루로 하여금 무신론자의 길에서 벗어나게 한 것은 DNA의 발견이었다. 생명의 기원에 관한 최근 연구로 인해 창조적 지성을 발견하게 되었느냐는 질문에 대해 그는 이렇게 대답했다.

네, 지금은 그렇다고 생각합니다. ... 아마도 DNA에 관한 연구조사 결과의 영향이 컸던 것 같습니다. DNA 연구결과가 보여주듯이 어떤 생명체의 탄생을 위해 요구되는 DNA배열은 믿을 수 없을 정도로 복잡합니다. 이 복잡다단한 요소들이 어우러져 작동할 수 있도록 어떤 지적존재가 개입한 것이 분명하다고 생각합니다. [13]

그의 저서 『존재하는 신(There Is a God)』에서 플루는 그가 어떻게 그러한 결론에 도달했는지 다음과 같이 설명했다.

과학은 신을 가리키는 자연의 세 가지 차원에 스포트라이트를 비춘다. 첫째는 자연이 법칙을 따른다는 사실이다. 둘째는 생명의 차원이다. 생명, 즉 행위의 주체가 되고 목적에 따라 움직이는 존재들이 물질에서 생겨났다는 사실이다. 셋째는 자연의 존재 자체다. 그러나 나를 이끌어준 것이 과학만은 아니었다. 고전적인 철학 논증들을 새롭게 연구한 것 역시 도움이 되었다. (『존재하는 신(There Is a God)』-홍종락 옮김 . 청림출판-의 102쪽의 일부 인용하였음.-옮긴이).[14]

널리 알려진 그의 회심의 영향을 받은 사람들이 자신의 생각을 되짚어보면서 무신론은 어리석은 것이라는 결론을 내리는 사람들이 생겨날 것이라고 생각할 것이다. 그러나 실제로는 그렇지 않다. 무신론자를 자처하는 많은 사람들이 모두 플루와 같지는 않기 때문이다. 그들은 이 "Who", 즉 그 존재가 누구냐는 대목에서 걸려 넘어진다. 그 이유를 다음에 이어지는 이야기에서 찾을 수 있을 것이다.

미국 달러 지폐

미국 달러 지폐가 코튼으로 만들어진다는 것을 알고 있는가? 종이처럼 느껴지지만 종이가 아니다.

BEP(미국 재무부 산하 연방 인쇄국)에 따르면. 달러 지폐는 75%의 코튼과 25%의 린넨으로 만들어졌다고 한다. 즉 각 달러 지폐 의 4분의 3 파운드의 코튼이 필요하다. BEP는 또한 지폐 454장의 무게가 1파운드라고 말한다. 회계연도 2009년 동안 미국에서는 종류별로 총 60억장 이상의 지폐가 미국에서 인쇄되었고, 21,476개의 목화 꾸러미가 소비되었다. 이들 지폐의 총 가치는 219억 달러 또는 코튼 1파운 당

21,290.55달러인 셈이다. [15)

돈이 코튼으로 만들어졌다는 것을 믿지 않는 회의론자들이 있다고 가정해보자. 아마 그들은 면화 재배업자들이 몇 가지 이유에서 거짓말을 하고 있다고 말한다고 말한다. 그 다음엔 자신의 주장을 뒷받침하기 위해 정부기관을 거론한다. 이를테면 "어떻게 돈이 만들어 지는가-종이와 잉크"라는 제목의 BEP의 기사를 인용한다.

미국 지폐에 사용되는 종이와 잉크는 그 디자인만큼이나 독특하다. 100달러용 용지는 제외하고 20,000장의 대형 인쇄용지가 갈색 종이로 포장되어(10,000장씩 2개로 포장됨) BEP에 운송된다. 100달러용 용지는 16,000장(8,000장씩 2개로 포장됨)이 BEP로 운송된다. 각 용지가 인쇄과정을 거치는 동안 오류가 발생할 경우 그 원인과 위치를 추적이 가능하다. [16)

그리고 "종이(paper)"라는 단어가 몇 번이나 사용되었는지 세어 보았냐며 "지폐는 코튼이 아니라 종이로 만들어졌다."고 말한다. 그러나 기사를 조금만 더 읽으면 다음과 같은 사실을 확인할 수 있다.

소비자들이 일상생활에서 사용하는 신문, 책, 시리얼 박스와 같은 일반 용지는 주로 목재 펄프로 만들어진다. [17)

그러나 그는 정부는 면화사업과 관련을 맺고 있기 때문에 정부가 하는 말을 믿지 않는다고 대답한다.

뉴욕(CNNMoney) -하늘 모르고 치솟는 코튼 값으로 인해 티셔츠와 양말 값이 점점 오르고 있다. 코튼으로 만들어진 것이 또 뭐가 있을까? 그것은 바로 당신 지갑 속에 있는 지폐이다. 2010년 지폐 제작비용이 2008년 정부가 지불한 비용보다 50%상승했다.

정부는 지난 해 64억 장의 지폐를 발행했다. 종이와 인쇄비용을 포함하여 지폐 한 장 발행비용은 9.6센트이다.

BEP에 따르면 2008년 지폐 한 장 당 발행비용은 6.4센트로 2007년에 비해 소폭 상승했다고 한다.

원면 가격이 140년 만에 최고치를 기록함으로써 상황은 점점 악화될 전망이다.[18]

그들은 이것을 가짜 뉴스라고 말한다. 그러면 당신은 딜레마에 빠지게 된다. 당신이 제시하는 모든 증거를 묵살되기 때문이다. 무슨 일이 있어도 믿지 않겠다고 다짐한 사람을 설득하기란 쉽지 않다. 그 어떤 증거를 제시하더라도 상대방이 무시하면 아무런 소용이 없기 때문이다.

또 다른 가정을 해보기로 한다. 그들의 주장대로 정부가 거짓말을 했을 수도 있다는 가정이다. 그리고 언론과 기타 매체를 통해 그 거짓말을 믿게 만든다. 이 경우 몇 년 후 부패한 정부 관리들이 수십억 달러를 꿀꺽했다는 말이 나올 수도 있다. 지폐가 값비싼 코튼으로 만들어졌다고 줄곧 거짓말을 해오면서 정작 값은 싸지만 질긴 파피루스 갈대로 만들어서 착복한 돈이다.

따라서 진상이 판명되기까지는 우리는 미국 지폐가 **정말** 코튼으로 만들어졌는지 알 수 없다. 전문적인 분석을 통해 결과가 도출되었다면 그 결과에 대한 믿음이 있어야 한다. 그래야 그 믿음을 토대로 더 많은 것을 알 수 있다. 우리가 진실이라고 믿는 모든 것들도 마찬가지이다. 200년 전에는 믿었던 많은 것들이 거짓으로 판명되었다. 그리고 현재 과학적으로 신뢰하고 있는 결론들도 지금부터 2세기 후쯤이면 터무니없는 것으로 여겨질 수 있을 것이다. 그러나 진실 자체는 변하지 않는다. 지폐가 무엇으로 만들어졌는가에 대해 우리가 어떠한 추측을 하던지 그 지폐는 여전히 남아있다. 자신이 진리를 발견했다고 믿었던 앤터니 플루는 이렇게 말했다.

> 저는 동료 불신자들로부터, 어리석다느니, 배반자라느니, 노인성 치매라느니, 그 외에 여러분도 떠올릴만한 모든 비난을 들었습니다. 그리고 그들 가운데 그 누구도 내가 쓴 글을 읽지 않았습니다.[19]

플루와는 달리 대부분의 무신론자들은 진리가 이끄는대로 따라가는 것에 관심이 없다. 우리가 그들에게 하나님의 존재에 대해 어떠한 말을 하든 그들의 선택은 이미 정해져 있다. 그들은 항상 논쟁으로 되돌아간다. 건물은 건축자의 증거이고, 그림은 화가의 증거이듯이 이 세상의 창조물은 창조주가 있다는 사실에 대한 명백한 증거이다. 그러나 회의론자들이 그것을 받아들이기 전에는 아무런 의미가 없다. 불신은 모든 증거를 무시한다. 건물은 건축가를, 그림은 화가를 증명한다는 것을 믿지 않는다. 이로인해 우리의 이성은 막다른 골목에 이르게 된다.

만일 새가 지저귀는 소리를 듣고, 햇살의 따스함을 느끼고, 푸른 하늘을 바라보고, 장미꽃 향기를 맡고, 강아지를 팔에 안고, 갓 태어난 아이의 눈을 들여다보면서도 이 모든 것이 아무도 존재하지 않는 우주의 폭발로 우연히 생겨난 것이라고 말하는 사람이 있다면 그는 성경 말씀대로 어리석다고 하지 않을 수 없다. (시편 14:1 참조) 무신론은 고의적 광기willful insanity의 한 형태이다.

멍멍이 샘과 함께 전도하다.

몇 년 전부터 나는 세계에서 가장 큰 개를 사고 싶어 했다. 그 개는 바로 초대형견인 그레이트 데인이다. 큰 개를 데리고 다니면 사람들의 눈길을 끌 것이고, 이를 통해 잃어버린 자들에게 복음을 전할 수 있기 때문이다. 즉 개를 데리고 다니면 낯선 사람들도 다가와 말을 거는 것을 경험으로 알고 있다. 만일 내가 그레이트 데인을 데리고 걸어갈 때, 누군가 다가온다면 나는 그 때를 이용하여 복음을 전할 것이다.

나는 이미 개에 관한 몇 가지 정보와 개를 쉽게 훈련시키는 법이 담긴 복음 전도지도 만들었다. 그러나 다음과 같은 이유로 큰 개를 사는 것을 주저했다.

1) 내가 이미 키우고 있던 소형견 샘을 물 수도 있다.
2) 우리 집 뒷마당은 너무 작아서 개가 자유롭게 움직이기 힘들 것이다.
3) 저렇게 네 발이 긴 큰 개를 먹이려면 비용이 많이 들 것이다.
4) 큰 개에게 매일 많은 양의 먹이를 준다는 것은 결코 만만한 일이 아니다.
5) 동물 병원 청구액도 엄청날 것이다.

그러나 어느 토요일 내가 자전거를 타고 샘과 함께 가는데, 샘이 강아지 때 만큼 자전거 속도를 따라잡지 못한다는 것을 알게 되었다. 그래서 나는 한 팔로 샘을 끌어올린 후 안은 채 자전거를 탔다. 그러나 어찌나 무겁던지 집에 도착했을 무렵 팔이 매우 아팠다. 그래서 나는 자전거를 탈 때 내 양팔 사이에 샘을 앉힐 수 있도록 자전거에 보조의자를 부착하기로 했다.

그런데 그것을 내가 직접 부착하면 불안해서, 동네 정비소에 연락해서 용접을 해 줄 수 있는지 물었다. 내가 만든 장치를 본 주인은 그것을 보다 안정감 있게 만들 수 있는지 몇 가지 조언을 해주었다. 그의 이름은 나세르였다. 그는 무슬림이었으나 나는 간단하게 복음을 소개했다. 그는 라디오를 듣다가 카톨릭 사제가 불교의 승려가 되었다는 말을 들었기 때문에 자신이 많이 혼란스럽다고 털어놓았다.

샘을 보조 의자에 처음 앉힌 날, 나는 나세르의 정비소에 들려 그의 조언에 감사한다고 말하면서 내가 가지고 있던 책 가운데 한 권을 건네주었다. 그는 정말 기쁜 듯했다. 그 다음날, 나는 샘에게 내가 쓴 선글라스랑 비슷한 선글라스를 씌운 채 자전거를 타고 그곳에 갔다. 그런데 낯모르는 사람들이 갑자기 우리를 가리키며 웃으면서 소리쳤다. "어머, 귀여워라!" 나는 몇 마디라도 나누기 위해 멈췄고, 우리는 오랜 친구처럼 대화를 나누었다. 순간 내겐 큰 개가 필요 없다는 것을 깨달았다. 작고 **귀여운** 개도 내가 원하는 효과를 내기 때문이다.

전도 초기의 경험담

이십 대 초반의 세 남자가 공원 벤치에 앉아 마리화나를 피우고 있었다. 나는 자전거를 탄 채 그들에게 다가가 말을 걸었다. 조금도 어색하지 않았다. 그들은 선글래스를 쓰고 있는 샘을 보고 미소를 짓고 있었기 때문이었다. 샘에게는 서먹서먹함을 부드럽게 만드는 놀라운 재주가 있었다. 심지어 그들은 한 모금 빨아보라며 내게 마리화나를 건넸다. 나는 안 피워도 된다고 말했고, 약 15분 동안 그들에게 복음을 전하는 멋진 시간을 가졌다.

얼마 후 나는 샘의 도움으로 동네 공원에 앉아 책을 읽고 있던 젊은 청년에게 다가갈 수 있었다. 그의 이름은 알렉스였다. 심판의 날에 십계명의 잣대로 심판을 받는다면 자기는 당연히 지옥에 갈 것이라고 말할 정도로 그는 솔직한 무신론자였다.

그 말을 들은 나는 불신자들에게 늘 던지는 질문으로 그의 의중을 떠보았다. "지옥에 가는 것이 걱정됩니까?" 순간 침묵이 흘렀다. 잠시 후 그는 "아니오."라고 말했다. "그럼 제가 몇 가지 질문을 할 텐데 생각을 충분히 한 후 대답하세요, 당신이 어떤 답을 하느냐에 따라 내 질문을 계속 할테니까요."

그는 잠시 생각을 하더니 대답을 바꾸었다. "예, 사실 그렇습니다." 지옥에 간다는 생각이 그를 두렵게 만들었다. 그러나 이것은 **진정한 위험**을 실감하는 두려움이기 때문에 유익한 두려움이었다. 1만 피트 상공에 떠 있는 비행기에서 낙하할 때 느껴지는 두려움이 우리로 하여금 낙하산을 착용하게 한다. 그리고 생각을 하는 사람은 구세주가 없이 죽게 되는 것에 두려움을 느낀다. 반면에 생각을 하지 않는 사람들은 자신의 죄에 계속 머물게 된다. 그리고 죄 문제와 그 끔찍한 결과에 대해 진지하게 생각하지 않은 것을 영원히 후회하게 될 것이다.

영화 〈애프터 어스(After Earth)〉에서 윌 스미스는 이렇게 말한다. "두려움은 실재가 아니다. 두려움은 미래에 대한 우리의 생각 속에만 존재한다. 두려움은 우리 상상이 만들어낸 것이다. 이것이 현재 나타나지도 않고 앞으로도 나타나지 않을 일을 두려워하게 만든다. 내 말을 오해하지 말라. 위험은 매우 현실적이나 두려움은 선택이다."

어떤 면에서는 맞는 말이다. 그러나 우리에게 하나님에 대한 믿음이 없다면 우리는 그 무엇으로도 두려움을 대치할 수 없다. 시편 저자는 말했다. "주님은 내 편이시므로, 나는 두렵지 않다. 사람이 나에게 무슨 해를 끼칠 수 있으랴?"(시편 118:6)

"나는 두려워 하지 않겠다."는 것은 일종의 선택이다. 시편저자는 두려워하지 않기로 선택하지만 그것은 단지 하나님에 대한 믿음에 근거한 선택이다. 한 예로 인생의 목표를 정하거나, 주식시장에서 일하기로 결정을 하거나, 스스로 어떤 결심을 할 때 두려움을 느끼지 않을 수 있다. 그러나 하나님을 믿지 않는 사람들에게는 통제할 수 없는 내적 두려움, 즉 죽음에 대한 두려움이 있다. 부자나 가난한 자나, 유명한 자나 이름 없는 자나, 지혜로운 자나 어리석은 자나 누구에게나 장차 죽음을 맞이한다. 죽음만큼 평등한 것이 없으며, 그 누구도 죽음을 당해낼 자가 없다.

믿지 않는 사람들은 죽은 후 하나님을 대면해야 한다는 생각을 하면 뭔지 모를 두려움으로 떤다. 믿는 이들은 느낄 필요가 없는 두려움이다. 이것은 아주 큰 선물로서 성경이 말하는 "잃어버린 자"들에게 사랑으로 다가갈 수 있다. 바울이 벨릭스에게 사랑으로 신실하게 메시지를 전했을 때 "벨릭스는 두려워서..."라고 성경은 말한다. (사도행전 24:25) 사도들은 사랑으로 복음을 전했다. 만일 우리가 구원받지 못한 사람들을 사랑한다면 그들에게 "살아 계신 하나님의 징벌하시는 손에 떨어지는 것은 무서운 일입니다."라고 말해야 한다.

나는 전도를 할 때 이 말을 전한다. 그리고 그들이 두려움을 느낄 때 나는 그들과 함께 기도한다. 우리가 죄인들이 십자가 앞으로 나오기를 원한다면 그들이 두려워하지는 않을지 염려해서는 안 된다. 그 두려움이 하나님을 믿게 한다. 우리가 복음을 전할 때, 하나님이 도우신다. 그리고 전도는 궁극적으로 하나님을 미소 짓게 한다.

쉬어가기 -아내가 사라졌어요

재미있는 이야기를 하나 소개하겠다. 아내를 잃어버린 남자에 대한 이야기이다.

남편: 제 아내가 사라졌습니다. 어제 쇼핑하러 간다고 나갔는데 아직 집에 돌아오지 않았습니다.

경관: 부인의 나이가 어떻게 됩니까?

남편: 확실히 모르겠네요. 아마 50세에서 60세 사이일겁니다. 생일파티를 하지 않다보니.

경관: 키는요?

남편: 잘 모르겠습니다. 아마 150센티를 좀 넘을 것 같습니다.

경관: 몸무게는요?

남편: 모르겠네요. 날씬하지도 않고 뚱뚱하지도 않습니다.

경관: 눈동자는 무슨 색입니까?

남편: 갈색 계열인 것 같은데 확실히 모르겠습니다.

경관: 머리카락 색은요?

남편: 글쎄요, 일 년에 두어 번씩 색을 바꿔서. 잘 기억이 나지는 않지만 아마도 지금은 짙은 갈색인 것 같습니다.

경관: 무슨 옷을 입었나요?

남편: 바지나 긴 스커트 아니면 짧은 스커트를 입었을 겁니다. 정확히는 모릅니다.

경관: 어떤 차를 몰고 나갔나요?

남편: 제 트럭을 몰고 나갔습니다.

경관: 차 기종이 무엇인가요?

남편: 2017년 9월 16일에 생산된 6.4L Hemi V8 엔진의 펄화이트 램 리미티드 4X4입니다. 램박스 바와 차량용 냉장고옵션에 LED전조등, 전방후방 카메라, 냉난방 사슴가죽 시트에, 냉 난방기를 갖추었지요. 차량용 흰색 침대커버, 웨더텍사의 매트, 패키지 트레일링 히치. 선루프, DVD, 풀 GPS 네비게이션, 위성 라디오 탑재, 코브라 75 WX ST 40-채널 CB라디오, 3 USB포트 3개, 차량용 4구 콘센트도요. 스페셜 엘로이 휠과 오프로드용 토요 타이어도 빠드릴 수 없네요. 주문제작한 리트렉팅 런닝보드와 은은한 빛의 조명 휠 캡을 갖추었습니다.

(이 대목에서 그는 목이 메기 시작했다.)

경관: 진정하십시오. 저희가 댁의 트럭을 찾아드리겠습니다.

물론 이것은 우스갯소리다.

그러나 우리 마음을 뜨끔하게 한다. 우리도 자신의 관심을 갖는 것에만 집중하기 때문이다. 이 이야기는 우리가 잃어버린 자들에게 어떻게 다가가야 할지 깨닫게 한다. 그것은 바로 그들을 향한 사랑과 관심이다.

뜻하지 않은 전도

샘을 자전거에 태우고 밖으로 나왔다. 그리고 전도할 사람을 만나게 해달라고 기도했다. 딱 한 사람을 만났는데 그는 나와 이야기 하는 것을 원치 않았다. 그는 아주 예의 바르게 나를 대했으나 농구코트에서 계속 농구만 했다. 나도 대화를 강요하지 않았다. 잠시 후 나는 나를 향해 걸어오는 한 신사를 보았다. 나는 그에게 십계명과 복음이 새겨진 동전을 주었다.[20] 그가 긍정적인 반응을 보이기에 혹시 그리스도인이냐고 물었다. 그랬더니 그는 "어느 정도는 … "이라고 답했다. 그게 무슨 뜻이냐고 물었더니 그는 뭔가 잘 풀리지 않고 있다고 답했다. 그의 이름은 사이어였다. 나는 사이어에게 물었다. "그렇다면 함께 무릎을 꿇고 기도할 때가 아닐까요?" 내 말에 그는 동의했다.

자신을 선한 사람으로 생각하느냐고 물었더니 그는 그렇다고 답했다. 그래서 우리는 구약의 십계명부터 예수님의 십자가에 이르기까지 두루 이야기를 나누었다. 그에겐 회개와 예수님에 대한 믿음이 필요했다. 그는 내가 건넨 몇몇 책자와 지하철 선불카드에 대해 고마워했다. 그와 헤어지려고 하는 순간 또 다른 신사가 걸어오더니 선글라스를 끼고 있는 샘과 함께 사진을 찍어도 되느냐고 물었다.

나는 사이어에게 작별인사를 한 후 곧장 그에게 다가가 같은 방식으로 전도를 했다. 그의 이름은 더스틴이었다. 이십 대 중반의 더스틴도 멋진 선글라스를 끼고 있었다. 그러나 그의 얼굴 반쪽이 일종의 피부바이러스로 인해 심하게 손상되어 있었다. 마치 바이러스가 얼굴을 둘로 나눈 후 다른 한 쪽을 폭파시킨 듯 했다. 내 마음이 온통 그에게 쏠렸다. 나는 코에 뾰루지 하나만 생겨도 난리법석이다. 얼굴의 흉터에도 불구하고 그는 종달새처럼 명랑했다. 그의 긍정적인 행동에 존경심이 느껴졌다.

더스틴은 자신은 선한 사람이라고 말했다. 십계명에 대해 이야기를 하면서 내가 느낀 것은 그가 자기의(self-righteousness)에 굳게 사로잡혀 있다는 것이었다. 그래서 나는 "선한(good)"이라는 단어의 정확한 의미를 설명했다. 그것은 생각과 말과 행위에 있어 도덕적 완전함을 뜻한다. 그에게 복음을 전하자 그는 매우 고마워했다. 두 사람에게 약 10분간 똑 같은 이야기를 했을 뿐인데, 언제나 그러하듯 결과는 매우 놀라웠다. 나는 복음을 전하면서 전혀 지치지 않았다. 마치 맨 처음 복음을 전할 때와 같았다.

며칠 후 나는 공원 잔디밭에 혼자 앉아 있는 청년을 보았다. 자전거를 타고 그에게 다가갔다. 그리고 십계명이 새겨진 코인을 주면서 내세에 대해 생각해본 적이 있는지 물었다. 그는 생각을 해본 적은 있지만 많이 깊이 생각한 적은 없다고 답했다. 아마 젊어서 그럴 것이라고 나는 말했다. 내 말에 동의하는 듯 그는 고개를 끄덕였다.

죽은 후에 천국에 갈 것 같은지, 또 자신을 선한 사람이라고 생각하는 그에게 물었다. 그는 약간 거북해하는 기색을 내비쳤지만, 정중하게 내 말을 들었다. 그에게 복음을 다 전한 후 내 말을 들어줘서 감사하다고 말하면서 지하철 선불카드를 주었다. 그러자 그는 "우와!"하고 탄성을 질렀다. 그의 태도는 완전히 바뀌었고, 그에게 영원한 구원에 관한 이야기를 해준 것에 감사하게 여겼다.

다시 자전거를 타고 일 이분 정도 가다보니 한 여성이 나를 멈춰 세웠다. 그녀는 샘이 선글라스를 끼고 있다는 사실에만 정신이 팔려 있었다. 그녀는 자신이 그리스도인이라고 말했으나 그 말이 사실이 아닌 것 같다는 느낌이 들었다. 그래서 나는 그녀에게 CD를 주면서 '리빙 워터스(Living Waters)'의 유튜브 동영상을 보라고 권했다.

이번에는 몇 m 전방에서 한 노신사가 금속 탐지기를 들고 공원 잔디에서 동전을 탐색하고 있는 것이 보였다. 나는 전도용 십계명 동전을 건넸다. 그는 자기도 그리스도인이라고 말했지만 거듭나지 않은 그리스도인이었다. 나는 그에게 거듭 난다는 것이 무엇인지 이야기했다. 거듭나는 것과 거듭나지 않은 것의 차이는 마치 1만 피트 상공에 떠 있는 비행기 안에서 낙하산을 입는 것과 입지 않고 생각만 하는 것과 같다고 나는 말했다. 그리고 낙하산을 착용한 사람과 착용하지 않은 사람의 차이는 뛰어 내린 후에나 알게 될 것이라고 말했다. 그래서 정말 중요한 것은 그가 거듭나는 것이라고 말했다. 그는 약간 흥분한 듯했다. 그가 전에도 영적인 문제에 대해 이렇듯 허심탄회하게 이야기 한 적이 있는지 물었다. 그는 그렇다고 답했다. 그러나 잠시 후 그는 사실 종교나 정치에 대한 토론을 한 적이 없다고 말했다. 나는 웃으며 말했다. "장담컨대 만일 제가 정치에 관해 말했다면 당신은 금방 자리를 떴을 겁니다."그리고 늘 그러하듯이 그에게도 지하철 선불 카드를 건네주었다. 덕분에 나는 그에게 30초 동안 복음을 전할 수 있었다. 그리고는 미소를 지어보이며 말했다. "이제 제가 할 말은 다 했습니다." 고맙게도 그도 내게 미소로 답했다.

돌아보기

1. 지구가 우주공간에 둥둥 떠 있다고 성경은 말합니다. 이것은 성경의 신뢰성에 어떤 영향을 미칠까요?
2. 지구가 어떻게 빈 공간에 걸려있을 수 있는지 설명해보십시오.
3. 지구가 무엇인가의 위에 놓여 있다는 것이 과연 논리적으로 타당한 것인지 설명해보십시오.
4. 하나님의 능력을 생각하면서 침묵 예배를 드린 적이 있습니까? 있다면, 그 이유가 무엇입니까?
5. 우리가 하나님의 능력을 알게 될 때, 우리의 삶은 어떻게 바뀔까요?
6. 유익한 두려움이라는 말을 들어본 적이 있습니까? 왜 두려움을 유익하다고 말할까요?

7. 사도행전 24장 24, 25절를 읽고 벨릭스를 두렵게 만든 것이 무엇이었는지 이야기해 보십시오.

제2장

셀 수 없이 많은 별들

이 세상에서 가장 큰 영예 가운데 하나는 할리우드 명예의 거리의 (별 모양의)플레이트에 자기 이름이 새겨지는 것이다. 만일 당신이 유명인이라면 전 세계로부터 몰려온 사람들이 당신의 이름이 "새겨진" 도로에 멈추어 서서 즐거워하며 사진을 찍을 것이다. 그리고 그들은 그렇게 함으로써 당신과 연대감을 느낄 것이다. 또 당신을 모르는 사람들이라도 당신의 이름 위를 걸어갈 것이다.

"스타"란 평범한 대다수의 사람들 위에 군림하면서, 익명으로 가득 찬 어두운 세상에서 빛나고 있는 사람들을 상징한다. 그러나 이들의 빛이 희미해지면, 동시대의 다른 유명인들과 "섞여" 특정 공간에 이름이 새겨질 것이고, 그것을 보기 위해 관광객들은 끊임없이 몰려들 것이다. 그런데 하나님이 만드신 별들은 그 지속시간이 좀 더 길다. 오스카 와일드는 그의 작품 『윈더미어 부인의 부채』에서 "우리는 모두 시궁창에 있지만 누군가는 별을 보고 있지."라고 말했다. 우리의 삶은 젊음의 불꽃과 함께 시작되지만, 이 세상의 고통과 악으로 인해 그 열정을 잃고 환멸을 느끼기기 쉽다.

멀리 있는 별들도 정해진 생명을 가지고 있는 듯 보인다. 이들 천체
는 지구에서 일어나는 일에 영향을 받지 않는다. 반면에 우리는 그 별
들을 보며 영원을 꿈꾼다. 성경은 인간에 대해 이렇게 말한다. :

> 하나님은 모든 것이 제때에 알맞게 일어나도록 만드셨다. 더욱이, 하
> 나님은 사람들에게 과거와 미래를 생각하는 감각을 주셨다. 그러나
> 사람은, 하나님이 하신 일을 처음부터 끝까지 다 깨닫지는 못하게 하
> 셨다. (전도서 3:11)

하나님은 인간에게 영원을 사모하는 마음을 주셨다. 동물은 실존,
또 삶과 죽음이라는 것에 대해 잘 알지 못한다. 인간은 "반짝 반짝 작
은 별, 아름답게 빛나네!"라고 노래하며 별이 암시하는 불멸을 갈망
한다.

약 2,500여 년 전에 기록된 예레미야서는 별들이 너무 많아 수를 셀
수 없다고 말한다. 맑은 날엔 육안으로 3,000개의 별을 볼 수 있다.
그러나 망원경의 등장으로 시야가 확대되면서 전에는 보이지 않던 수
많은 별들을 볼 수 있게 되었다. 1600년대 초 갈릴레오는 자신이 직접
만든 망원경으로 약 30,000개의 별을 볼 수 있었다. 그러나 성경이 말
하는 것처럼 별이 셀 수 없을 정도로 많다. 그러나 과학은 천천히 성경
을 따라잡고 있다. 유럽 우주기구에 따르면,

천문학자들은 은하수에만 1억 개의 별이 존재한다고 추정한다. 그뿐 아니라 수많은 은하계에 수백만 개의 별이 존재한다.

은하수(Milky Way)는 지구와 태양이 속한 우리 은하계이다. 별들을 육안으로는 일일이 다 볼 수 없기 때문에 유백색을 띤 "은하"라고 부른다. 1920년대까지만 해도 대다수의 천문학자들은 우리 은하계가 우주의 모든 별을 담고 있다고 생각했다. 우리 은하계는 수십 억 개의 은하계 가운데 하나이며, 각 은하계 안에는 수십 억 개의 별이 있다는 것을 몰랐던 것이다. 우주의 광대함은 이루 헤아릴 수가 없다. 그 누구도 우주의 무한 광대함을 상상할 수 없다. 그래서 수십 억 광년이라는 단위를 사용할 수 밖에 없다.

《먼데이》지에 발표된 한 새로운 연구에 따르면 천문학자들이 지구에서 90억 광년 떨어진 곳에 있는 별을 발견했다고 한다.

"90억 광년 떨어진 곳에서 초신성도 아니고 감마선 폭발도 아닌 하나의 안정된 별 하나를 처음으로 발견했다."라고 UC 버클리의 천문학 교수이며 이 연구의 부책임자인 알렉스 필리펜코는 말했다.

"이 별은 초신성 외에 우리가 지금까지 연구해온 별들보다 적어도 100배나 멀리 떨어져 있다"라고 이 연구의 책임자인 미네소타 대학의 패트릭 켈리는 말했다.[21]

성경은 말한다. "셀 수 없이 많은 하늘의 별처럼, 측량할 수 없이 많은 바다의 모래처럼, ..."(예레미야 33:22) 성경은 셀 수 없을 정도로 많다고 분명히 말하고 있다. 그러나 이러한 우주도 그것을 만드신 무한한 하나님 앞에서는 왜소해진다.

> 하나님께서 옛날에는 예언자들을 통하여, 여러 번에 걸쳐 여러 가지 방법으로 우리 조상들에게 말씀하셨으나, 마지막 날에는 아들을 통하여 우리에게 말씀하셨습니다. 하나님께서는 이 아들을 만물의 상속자로 세우셨습니다. 그를 통하여 온 세상을 지으신 것입니다. (히브리서 1:1,2)

하나님이 이 세계를 **만드셨다.** 이러한 사실을 묵상하며 지은 찬송가 가사가 있다. ("주 하나님 지으신 모든 세계)

> 주 하나님 지으신 모든 세계 내 마음 속에 그리어 볼 때 하늘의 별 울려 퍼지는 뇌성 주님의 권능 우주에 찼네. [22]

우주가 크다는 것을 알아갈수록 창조주에 대한 경외심도 커진다. :

> 2009년 1월을 기준으로 할 때, 우리는 아주 큰 몇몇 별에 대해 알고 있다. 그 가운데 하나가 에타 카리나이(Eta Carinae)다. 이 별의 크기는 태양의 약 800배, 질량은 약 100배이고 밝기는 태양보다 약 400만

배 더 밝다. And, yet, we do not think it is the biggest! 그러나 아직까지는 이 별이 제일 크다고는 생각하지 않는다. 최근 관측에 따르면 큰개자리 VY(VY Canus Majoris) 별은 그 크기가 태양의 약 600-2100배나 된다. 그러나 밝기는 태양의 약 50만 배 정도 밖에 안 되며 질량은 약 30배 정도이다. [23]

인식 능력이 부족하여 그림을 보면서도 그것을 그린 화가가 있다는 것을 알지 못하는 사람들을 볼 때 대다수의 사람들이 안타까움을 느낀다. 그러나 인간이 창조물 가운데서 창조주의 손을 보지 못하는 것은 인식능력이 부족하기 때문이 아니다.
고의적으로 진실을 부인하기 때문이다. :

> 이 세상 창조 때로부터, 하나님의 보이지 않는 속성, 곧 그분의 영원하신 능력과 신성은, 사람이 그 지으신 만물을 보고서 깨닫게 되어 있습니다. 그러므로 사람들은 핑계를 댈 수가 없습니다. 사람들은 하나님을 알면서도, 하나님을 하나님으로 영화롭게 해드리거나 감사를 드리기는커녕, 오히려 생각이 허망해져서, 그들의 지각없는 마음이 어두워졌습니다. (로마서 1:20,21 새 번역)

"별과 행성을 만든 사람"이라는 제목으로 〈디스커버리〉지에 실린 기사의 일부를 소개한다,

35년 전 천체 물리학자 앨런 보스는 무모하고 비현실적으로 보이는 프로젝트를 추진했다. 그는 별 주변에 행성들이 어떻게 생겨나는지 알기 원했다. 그 당시 천문학자들은 태양계의 초기 역사에 대해 거의 알지 못했고, 다른 별들에도 행성이 있는지 없는지 전혀 알지 못했다. 결국 그는 그 어느 것도 확실히 알지 못하는 상태에서 모델링을 원했다. 그래서 그는 단념하지 않고 그 후 몇 십 년 동안 유일한 모델인 태양과 행성을 토대로 최고의 추론을 이끌어내려고 애썼다… 새로운 사실을 발견할 때마다, 예컨대 별의 주위를 감싸고 있는 가스와 먼지가 소용돌이를 치면서 돌다가 역동적인 행성이 되어가는 과정을 발견할 때마다 그는 창조의 본질과 그 복잡성에 접근할 수 있었다.[24]

"새로운 사실을 발견할 때마다 창조의 본질과 그 복잡성에 접근할 수 있었다는 대목을 주목하라. 이것은 곧 태초에 하나님이 모든 것을 창조한 것이 아니라는 말이다. 즉 저절로 생겨난 다는 주장이다. 어떻게 "태초에" 이런 생성이 가능했는가? 아무 것도 존재하지 않는 가운데 어떻게 만물이 만들어질 수 있는가?

개의 눈썹에서도 하나님의 솜씨를 발견하다.

하나님의 신묘막측함은 우주의 영광 속에서만 찾을 수 있는 것이 아니다. 나는 거듭남을 통해 눈이 밝아지긴 했으나 하늘의 별은 고사하고 내가 키우는 개의 눈썹조차 자세히 보지 않았다. 별에 관한 이야기는 잠시 접어두고, 그냥 지나쳐 버리기 쉬운 개의 눈썹에 대해 생각해 보기로 한다.

개는 반가울 때 꼬리를 흔든다는 것을 거의 모든 개 주인들이 알고 있다. 그렇다면 이제 개가 현관문을 향해 걸어올 때 개의 눈썹을 자세히 살펴보기 바란다. 동물 행동 전문가는 개의 얼굴에 특별한 움직임을 포착함으로써 당신의 개가 정말 주인을 반기는지 아닌지를 알아냈다. 연구가들은 고속 카메라를 사용하여 그들이 주인과 재회할 때 또는 낯선 사람을 처음 봤을 때 개의 얼굴이 어떻게 변하는지 추적했다. 개들은 주인을 본 후 약 0.5초 동안 왼쪽 눈썹을 위로 움직이는 경향이 있음을 발견했다.[25]

이번에는 신체 구성요소와 그 특징에 대해 생각해보자.

개의 털은 살 속에 뿌리를 내리고 있다. 그 털은 특정 방향으로만 자라고, 일정 길이가 되면 멈추도록 하나님이 미리 프로그래밍 하셨다. 모든 개털을 다 프로그래밍 하셨다. 예컨대 개의 크기에 비례하여 털의 길이와 멈추는 시점이 다르다. 그리고 하나님이 어떻게 개에게 자기 주인에게 반응하는 능력을 주셨는지에 대해 생각해보라. 개는 행복할 때 털들이 모두 같은 방향으로 움직여 행복함을 드러낸다. 피조물의 이 작은 현상만 보더라도 우리는 창조주 하나님의 위대하심에 놀라지 않을 수 없다.

시각장애인들은 어떤 면에서 복이 있다고 할 수 있다. 눈이 보이지 않는 사람들은 눈이 멀쩡한 사람들과 달리 모든 것에 대해 편견이나 선입견으로부터 자유롭기 때문이다. 우리는 별 생각 없이 하늘의 별과 빛과 색과 아름다움과 심지어 개의 눈썹의 움직임을 바라본다. 푸르른 하늘을 보면서도 별 생각이 없을 때가 많다. 그저 우울하고 스산한 구름이 낀 하늘 보다는 파란 하늘이 더 낫다고 생각할 뿐이다. 그러나 저 광활하고 파란 하늘을 다시 한 번 더 바라보라. 그 아름다움에 놀라 입을 다물지 못할 것이다. 성경은 말한다. "하늘은 하나님의 영광을 **드러내고 ···** "(시편 19:1 이탤릭체는 강조한 부분) 그러나 구원받지 못한 채 바쁜 세상에서 살고 있는 많은 사람들이 귀가 어두워졌기 때문에 하나님의 영광을 알리는 소리에 전혀 귀를 기울이지 않는다.

눈멀고 귀먹다.

당신이 그리스도인이라면 잃어버린 자들을 향한 사랑이 있어야 한다. 성경은 이들을 보지 못하는 자에 비유한다. (고린도후서 4:4참조). 그들은 자신이 어디로 가고 있는지 모른다. 따라서 그리스도 안에서 하나님의 긍휼이 없다면 그들은 마침내 지옥으로 떨어지고 말 것이다. 그렉이라는 이름의 한 신자가 우리 사역단체(리빙 워터스)에 다음과 같은 이메일을 보내왔다. :

오늘 제 아들이 점심을 먹으러 집에 왔을 때, 저는 복음과 '리빙 워터스'에 대해 생각했습니다. 아들은 인디애나 주 그린 우드에 있는 주택단지에 살고 있습니다. 그런데 어제 아들의 집 옆 건물에서 불이 났답니다. 단지 안에는 모두 24가구가 있었지요. 아들 말에 따르면 차를 타고 가던 두 남자가 3층 건물의 2층에서 불이 난 것을 발견했다고 합니다. 그들은 차를 세우고 건물 안으로 들어가 "불이야!"라고 외쳤고, 그 말을 들은 사람들이 밖으로 나왔답니다. 두 사람 가운데 한 사람은 1층에 있는 문을 두드리며 안에 사람이 있으면 나오라고 소리쳤답니다. 그랬더니 문 안에 있던 여자가 "싫어요!"라고 소리치더랍니다. 그 남자는 계속 문을 두드리며 "진짜 불이 났다니까요!"하며 제발 나오라고 애원했답니다. 그래도 그녀가 안 나오자 그는 발로 문을 박차고 들어가 그녀를 끌고 나왔답니다.

그녀가 자신이 위험에 처했다는 말을 믿지 않고 있다는 것을 알았기 때문에 그는 문을 부수고 들어간 것이다. 이 이야기에서도 "믿는다."는 것이 얼마나 중요한지 나타난다. 만일 당신이 아직 신자가 아니라면 당신이 읽고 있는 이 책의 내용을 곰곰이 생각해보기 바란다. 내 가 이 책에서 성경에 있는 과학적 사실을 언급하는 이유는 오로지 하나님은 죄를 얼마나 심각하게 여기시는지, 당신은 얼마나 끔찍한 위험에 처해있는지를 믿게 하기 위해서이다. 일단 믿어야 한다. 믿어야만 당신이 직면한 문제를 깨닫고, 그에 대해 대책을 마련하게 될 것이다. 계속 불신 가운데 머문다면 결국은 당신의 귀한 영혼을 잃게 될 것이다.

예측 가능한 플롯

옛날 영화들 가운데 별로 보고 싶지 않은 영화가 있다. 그 가운데 하나는 상영 내내 "지직거리는 소리"와 함께 끊김 현상이 계속되는 잠수함 영화이다. 영화의 플롯 또한 뻔하다. 산소가 희박해지는 가운데 땀이 뒤범벅된 두 사람이 압박감을 이겨내지 못하고 서로 싸운다. 그동안 잠수함에 물이 들어오기 시작한다.

또 다른 영화의 플롯은 생존자들이 소량의 물과 음식만 있는 구명보트에 오르는 것이다. 시간이 지나면 그들은 서로의 음식을 노리기 시작한다. 그 다음 진행될 장면이 뻔히 보인다. 사람을 먹는다는 것을 혐오하면서도 결국은 다른 사람을 잡아먹고 생존한다. 그런데 만일 이 배가 간단한 그물이나 낚시 줄과 미끼가 실려 있었다면 스토리는 어떻게 진행되었을까? 예수님이 그를 따르는 사람들에게 "나를 따라오너라. 내가 너희를 사람을 낚는 어부가 되게 하겠다."(마가복음 1:17)라고 말씀하셨다. 만일 교회가 사람을 낚는 일에 우선순위를 두지 않는다면 교회는 서로를 잡아먹게 될 것이다. 반면에 잃어버린 자들을 진심으로 염려한다면 교회는 한 마음이 되어 예수님의 말씀을 행할 것이다. 다.

범죄는 득이 되지 않는다.

1940년, MGM 스튜디오는 〈크라임 더즈 낫 페이 *Crime Does Not Pay*〉라는 단편 시리즈를 제작했다. 가짜 상품을 판매하는 떳떳하지 못한 회사에 관한 것을 들을 다룬 에피소드가 있다. 훔친 물건을 거래하는 납품업체와 소매상인 '카터와 닥터 콜린스'의 실화이다.

한 잡화점의 주인은 불법적인 상품을 구입해서 팔면 저비용에 고수익을 낼 수 있기 때문에 그들의 경제난을 해결할 수 있을 것이라고 동업자를 설득한다. 그 말을 들은 동업자는 쉬운 돈벌이의 유혹을 거절하지 못한다. 그러나 일이 잘못되어 그들은 결국 잡히고 만다. 그 시대만 해도 죄를 지으면 붙잡히기 마련이라는 것, 범죄는 득이 되지 않는다 교훈이 살아 있었다.

그러나 1940년 이후 상황이 바뀌었다. 오늘날에는 불법을 저지르는 사람이 더 많아졌지만 감옥에 가는 사람은 드물다. 범죄는 득이 되지 않는 다는 것은 옛말이 되었다. 이전과는 달리 범죄는 득이 된다. 강간범의 1퍼센트, 강도행위를 한 사람들의 2퍼센트만 최종적으로 감옥에 간다. 또 폭행범의 3%정도만 투옥된다.[26]

부패의 쓰나미가 전 세계를 집어 삼켰다. 그러나 전능하신 하나님이 악을 멈추게 할 뿐 아니라 악한 자들을 벌하실 그 날이 올 것이다. 그 누구도 빠져나가지 못할 것이다. 죄인들은 성경이 말하는 "주의 날"이 오기 전까지 주의 진노를 쌓아올리고 있을 뿐이다. 만일 그들이 복음을 믿는 것을 거부한다면, 그 날에 그들이 치러야 할 죄의 값은 오직 죽음과 지옥 뿐이라는 것을 세상이 알게 될 것이다.

이러한 현실 속에서 우리는 잃어버린 자들에 대해 무관심하거나 믿는 사람들끼리 물고 뜯으며 비난하는 죄를 범해서는 안 된다. 서로 힘을 모아 구원받지 못한 사람들에게 다가가 그들을 빛으로 인도해야 한다.

다시 별 이야기로

성경에 기록된 하나님의 첫 말씀은 아주 짧다. 말씀 가운데 "있으라 (Let)"는 한 단어가 가져온 결과는 매우 경이롭다. 하나님은 "빛이 있으라."라는 단 한 마디 말씀으로 무(無)라는 감옥으로부터 빛을 풀어놓으셨다. 그분은 무에서 유를 창조하셨다. 그 가운데 하나가 바로 그 빛이었다. 이 빛을 통해 우리는 모든 것을 볼 수 있다. 그러나 늘 보아 온 것이기에 당연하게 여긴다.

빛의 속성에 대해 궁금해 한 적이 있을 것이다. 《코스모스》지에 실렸던 빛에 대한 기사를 일부 소개한다.

> 그렇다면 빛은 무엇인가. 빛은 전기장이 자기장과 함께 공간 속에서 진동하는 것이다. 전기장과 자기장은 마치 춤을 추는 파트너처럼 영원히 서로를 얼싸안고 일사분란하게 스텝을 밟는다고 생각할 수 있겠다. 빛이 생겨나려면 전기장과 자기장이 서로를 유도하며 움직여

야 한다. 마치 두 사람이 탱고를 추는 것과 같다. 우리가 알고 있듯이 전자파 스펙트럼은 각각 그 파장에 따라 분류된다. (춤에 비유하면 이 파장은 스텝의 보폭과 같다.) 파장이 가장 짧은 고에너지 감마선은 수소 원자보다 훨씬 작은 반면 파장이 가장 긴 저에너지 전자파는 그 파장이 목성보다 크다. 가시광선 전자기파 스펙트럼에서 아주 얇은 영역을 차지하며 그 파장은 약 400나노m(nm)에서 700나노m로 그 크기가 대장균 박테리아만 하거나 사람 머리카락의 굵기의 약 1% 정도이다. [27)

춤, 목성, 대장균, 인간의 머리칼 등을 들먹이며 빛의 속성을 설명했지만 선뜻 이해가 가지 않을 것이다. 그리고 BBC는 이러한 의문이 당연하다는 것을 다음과 같이 밝히고 있다.

빛을 통해 우리는 우리가 살고 있는 세상을 이해할 수 있다. 예를 들어 어둠 속에서 더듬거리다가 빛을 보면 새벽이 무엇인지 알게 된다. 그러나 우리는 빛에 대해 여전히 알지 못하는 것이 많다. 만일 줌 렌즈를 써서 광선을 확대하면 무엇을 볼 수 있을까? 물론 빛의 속도는 매우 빠르다. 그러나 무엇이 빛을 그처럼 빠르게 이동시키는가? 많은 사람들이 이러한 그 답을 찾기 위해 애를 쓰고 있다. 그러나 이러한 의문은 수 세기 동안 지속되어 왔다. 그러나 지난 150년에 걸친 연구결과를 통해 획기적인 사실들이 발견되면서 빛의 신비가 밝혀졌다.

덕분에 지금 우리는 빛의 실체에 대해 어느 정도 알고 있다.[28]

사실 빛은 사랑과 웃음과 음악과 노래처럼 신비롭다. 물론 빛에 대한 정의는 여전히 단순하고 모호하다. 이것은 마치 모나리자 그림을 "캔버스 유화"라고만 표기하는 것과 같다.

빛은 아름답다. 집안을 이리저리 거닐어보라. 그리고 창문을 통해 쏟아져 들어오는 자연광을 보라. 벽이 빛을 어떻게 가로막는지, 또 방마다 부드럽게 드리어진 그림자를 보라. 당신은 약 1억 5천만 km 떨어진 태양으로부터 초속 약 30만 km라는 경이로운 속도로 당신의 집까지 도달한 빛이 만들어낸 그림자를 보고 있다.

하나님은 어떻게 "빛이 있으라."는 단 한 마디로 이러한 빛을 만드셨을까? 이것은 우리가 어두운 방에서 전등을 켜서 전기의 힘으로 빛을 밝히는 것과는 다르다. 이것은 하나님이 무에서 창조해내신 빛이다. 어떻게 이러한 일이 가능한 것인지 우리는 전혀 알 수 없다. 다만 우리는 하나님이 어떤 말씀을 하시니 그 말씀대로 되었다는 것을 알 뿐이다. 그 누가 하나님의 능력에 저항할 수 있겠는가. "하나님이 말씀하시기를 "빛이 있으라."(창세기 1:3) 하시니, 빛이 생겼다. 어느 저자는 빛의 본질에 대해 이렇게 기록했다.

신학생들은 창세기 1장 3절의 빛은 넷째 날에 만드신 태양과 달과 별의 빛과는 다르다고 추론해야 합니다. 14절의 "하늘 창공에 빛나는 것들이 생겨서"라는 표현은 3절에서 이미 확인된 창조활동, 즉 무에서 유를 창조한 것과 같습니다.

간격이론(Gap Theory;창세기 1절과 2절 사이에는 큰 간격이 있다고 봄.)의 지지자들의 주장처럼 태양과 달과 별도 이미 첫째 날에 창조되었다는 것은 타당치 않습니다. 히브리어 원전에는 이러한 주장을 뒷받침하는 근거가 없습니다.[29]

이른 아침 들려오는 새소리와 골디락스

하나님에 대해, 별에 대해, 그리고 다른 모든 창조물에 대해 생각하다보니 머릿속이 뒤죽박죽이었다. 하나님의 창조능력을 믿으면서도 그분의 신묘막측함이 나와는 멀게 느껴졌다. 그러나 잠시 후 그 산만함이 사라지면서 모든 것이 평화를 되찾았다.

이른 아침 지저귀는 새소리 덕분이었다. 새들이 "노래"를 한다. 아침에 뜨는 해, 토스트와 커피, 새소리는 우리가 늘 경험하는 삶의 한 부분이다. 그러나 우리는 이 모든 것을 대수롭지 않게 여긴다. 우리가 주변에서 일어나는 일에 무심한 것은 우리 죄의 본성으로 인해 무감각해졌기 때문이다. 그러나 내가 노래하는 새에게 관심을 갖고 집중을 하는 순간 하나님의 능력이 실감났다. 그리고 그 능력이 너무 커서 숨이 막힐 정도였다.

하나님은 새의 DNA를 어떻게 프로그래밍 하셨기에 저렇게 노래할 수 있을까? 어미새로부터 복잡한 성악 법을 배웠을 리가 없다. 새는 노래하는 법을 결코 "배우지 않았다."하나님께서 새를 만드실 때 노래할 수 있도록 프로그래밍 한 것이다. 어린 새는 아침이면 그냥 지저귈 뿐이다. 즉 하나님이 주신 놀라운 성대를 사용하여 노래를 하는 것이다. 우리가 "지구"라고 부르는 곳에서는 아주 놀라운 일들이 벌어지고 있고, 새의 노래 소리는 그것의 극히 일부일 뿐이다.

과학자들이 어린아이처럼 생명체가 살기에 적당한 지구와 같은 행성을 "골디락스"행성 ("Goldilocks" planet)"이라고 칭한 것에는 여러 가지 이유가 있다. (어린아이와 같다고 표현한 것은 행성의 '골디락스와 세 마리 곰'이라는 영국 전래동화에서 따온 이름이기 때문. '골디락스'는 너무 뜨겁지도 너무 차갑지도 않은 이상적인 상태를 말함. - 옮긴이.)

하버드 대학의 지구행성과학 대학원생인 다이애나 발렌시아는 말했다. "태양계에서 지구만이 생명체가 살기에 적합한지 여러 가지 이유가 있습니다. 우선 지구에는 액체상태의 물이 존재합니다. 그 다음 빛을 내는 항성, 즉 태양과의 거리가 최적입니다."

"태양과 지구사이의 거리 또한 절묘합니다. 태양과 아주 가까워지면 태양으로부터 지나치게 많은 에너지를 받게 될 것이고, 너무 멀어지면 지구는 금새 얼어붙을 것입니다."

우리 지구가 태양계에서 골디락스와 같이 "최적화" 되어 있다는 것은 다른 여러 가지 지각 활동에도 영향을 미칩니다. 예컨대 판 구조론에서 말하듯 맨틀이 아주 느린 속도로 움직이면서 조산대와 해구 등이 지각변동에도 영향을 미치는 것으로 생각됩니다. ...

또 지구의 크기가 "최적"이라는 것을 또 다른 요인으로 꼽을 수 있습니다. 지구의 크기가 훨씬 작아지면 대기권 안에 머무는 소중한 공기가 희박해질 것이고, 훨씬 더 커지면 공기뿐 아니라 유해한 가스를 대량 대기권 안에 잡아두게 됩니다. [30]

멍멍이 샘과 함께 전도하다.

어느 토요일 이른 아침, 자전거를 타고 선교회에서 돌아오는 길에 정장을 한 노신사가 보도 위를 걷고 있는 것을 보았다. 내가 전도할 때마다 움추려드는 때가 있다. 상대가 나보다 나이가 많거나, 옷을 잘 차려입거나, 보도를 걷고 있을 때이다. 그러나 나는 두려움을 억누르고 멈춰 서서 그에게 십계명이 새겨진 동전을 건넸다. 그가 그리 기분나빠하지 않는다는 확신이 들자 내세에 대해 생각해본 적이 있는지 물었다. 그는 있다고 답했다. 그때가 언제였냐고 물었더니 "항상 생각한다."고 답했다. 그의 이름은 잭이었다. 자기만 빼고 가족들이 모두 그리스도인이라고 그는 말했다. 나는 그와 십계명으로부터 십자가에 이르기까지 두루 이야기를 나누었다. 잭은 정중했고, 내가 일부러 멈춰 서서 그에게 말을 건 것을 매우 기뻐했다. 기쁘기는 나도 마찬가지였다.

이번에는 약 90m 전방에서 갱스터처럼 보이는 한 청년이 눈에 띄었다. 그는 가죽 띠를 맨 치와와와 함께 걷고 있었다. 갱스터와 치와와는 그리 흔치 않은 풍경이었다. 어쩌면 혼자 힘으로도 얼마든지 상대할 수 있다는 것을 암시하는 듯 했다.

나는 가던 길을 멈추고 말을 걸었다. "좋은 아침입니다. 선물하나 드리지요." 그는 경계하는듯한 태도를 보였다. 나는 십계명 동전을 주면서 동전의 의미를 설명했다. 그의 이름은 르네였다. 자기는 그리스도인이 아니지만 가족들은 어느 정도 그리스도인의 냄새를 풍긴다고 말했다. 도덕법에 대해 이야기를 시작하자 그는 "어차피 저는 죽어가고 있어요."라고 말했다. 나는 대화가 옆길로 새는 것을 원치 않았기 때문에 그의 말을 무시하고 복음에 대해 계속 이야기 했다. 그리고 그가 했던 말로 돌아가 물었다. "당신이 죽어가고 있다고 말했지요. 무슨 뜻인가요?"

그는 심장이식을 기다리는 중이며, 이식받을 확률은 겨우 10퍼센트 정도라고 말했다. 나는 그에게 겉보기엔 건강한 것 같다고 말하며 그를 위해 기도해도 되는지 물었다. 함께 기도를 한 후, 나는 그와 그의 가족을 위해 지하철 선불카드 여러 장을 건네주었다. 그는 기쁨으로 눈을 반짝였다. 그리고 내가 전한 복음이 그에게 얼마나 큰 의미가 되었는지 나는 모를 것이라고 말했다. 나는 그에게 요한복음을 먼저 읽어보고, 하나님과의 관계를 회복하고, 여자 친구 르네와 결혼을 하고, 자녀가 태어나면 복음을 가르치라고 말했다.

그는 전에 아주 나쁜 짓들을 했지만 지금은 갱생한 갱스터라고 말했다. 나는 우리의 선행이 얼마나 하잘 것 없는 것인지 이야기 하면서 그도 구세주를 믿어야 한다고 말했다. "만일 낙하산을 단단히 착용한 후 비행기에서 뛰어내리면 팔을 허우적댈 필요가 없습니다, 스스로 자신을 구하려고 애쓸 필요가 없다는 말이지요. 오직 낙하산만 신뢰해야 합니다."

모든 사람이 그러하듯 그도 자신의 선행만으로는 구원을 받을 수 없기 때문에 구세주를 전적으로 신뢰해야 한다고 말했다. 내 말을 듣고 난 그는 좋은 비유라고 말했다.

같은 날 아침, 나는 하나님이 예비하신 사람을 만날 수 있게 기도하고 샘을 데리고 다시 전도하러 나갔다. 처음 만나 이야기를 나눈 사람은 그리스도인이었다. 그는 매일 성경을 읽으려고 애는 쓰지만 잘 되지 않는다고 말했다. 나는 생각만 하고 성경을 읽지 않는다는 것은 마치 매일 뭘 좀 먹어야겠다는 생각은 하지만 전혀 먹지 않는 것과 같다고 말했다. 그리고 우리가 하나님을 사랑한다고 공언하면 그분의 말씀을 섭취해야 한다고 말했다.

그 다음엔 젊은 부부를 만나 복음을 전했다. 그들은 내 말을 매우 주의 깊게 들었다. 그리고 내가 그들과 이야기를 나누는 것에 대해 고마워했다. 내가 지하철 선불카드를 건네자 둘 다 "우와!"하며 좋아했다. 나는 샘을 앞에 태우고 다시 자전거에 올랐다. 그때 약 2백m 전방에서 혼자 걸어오는 남자를 보았다. 내가 "우리"라고 말한 것은 샘도 나처럼 전도대상이 나타나기만 하면 매의 눈을 하고 뚫어져라 쳐다보기 때문이다. 나는 자전거를 타고가면서 늘 샘에게 길가의 강아지, 고양이, 다람쥐(샘이 아주 좋아함.), 특히 내가 전도하려는 사람들을 가리키며 샘에게 이야기를 한다.

언젠가 한번은 앞에 가던 사람이 우리를 호기심 어린 눈으로 힐끗 바라보면서 혼잣말을 했다. 그 옆을 지나면서 그가 하는 말을 듣게 되었다. "개가 선글라스를 쓰다니!" 그 말에 나는 옳다구나 하고 멈춰선 후 그에게 복음을 전했다. 그의 이름은 헨리였다. 내가 십자가에 대해 이야기 할 때 헨리의 눈에서 눈물이 솟아났다. 그의 뺨을 타고 흘러내리는 눈물을 보고 내가 물었다. "왜 눈물을 흘리십니까? 혹시 자신의 죄 때문입니까?" 그가 그렇다고 대답하자 나는 말했다. "당신을 위해 기도해도 될까요?" 우리는 함께 몸을 구부리고 기도를 했다. 기도를 하면서 나는 내내 눈을 뜨고 있었는데 빗방울처럼 보도 블록 위로 두두둑 떨어지는 눈물을 보고 놀랐다. 진정으로 회개하는 그의 모습을 보면서 내 마음이 따뜻해지고 새로워졌다. 이번에는 내가 "우와!" 하고 외쳤다.

돌아보기

1. 날씨가 맑은 날 밤엔 얼마나 많은 별을 볼 수 있을까요?
2. 하나님의 창조능력을 아는 것이 그분을 경외하는데 도움이 됩니까?
3. 구원받지 못한 사람에게 복음을 전함으로써 당신의 빛을 비추는

것이 두려운가요?

4. 당신은 전도할 때 무엇이 가장 두렵습니까?

5. 성경에 있는 과학적 사실들 가운데 당신의 믿음에 영향을 미친 것은 무엇입니까? (만일 성경에 그러한 내용이 없었다면 어떠했을까요?)

6. 왜 과학자들은 지구를 "골디락스 행성"라고 부를까요?

7. 회심에 있어 통회하는 마음이 왜 중요할까요? 성경말씀처럼 "하나님의 뜻에 맞게 마음 아파하는 것"(고린도후서 7:10 새번역)은 구원에 어떠한 영향을 미칠까요?

제3장

피 속에 생명이 있다.

나는 "단 한 번에 성공할 수 없다면 스카이다이빙을 할 생각을 마십시오."이란 말처럼 역설적인 위트를 좋아한다. 이 말을 쉽게 바꾸면 "스카이다이빙을 아예 하지 마십시오. 스카이다이빙을 하다가 죽는 사람들이 너무 많습니다." 또는 "무엇을 하든지 백퍼센트 확신이 들면 하십시오. 그렇지 않으면 피만 흘리게 될 것입니다." 생명을 잃는 것을 피를 흘리는 것에 견주어 표현하는 것은 피는 우리가 살아있는 데에 꼭 필요한 요소이기 때문이다. 즉 피는 우리 몸의 생명소이다.

모든 시대가 자기시대를 이전 시대에 비해 가장 진보한 시대로 여긴다. 즉 자기 시대는 최첨단 기술을 보유하고 있으며 패션과 음악을 선도한다고 생각한다. 그러나 시간이 지남에 따라 그 시대의 최첨단 풍미도 다음 세대에게는 해묵은 농담처럼 되어버린다. "쓰리 도그 나이트(Three Dog Night:1960년대 미국 록밴드.-옮긴이)의 익살스러운 노래, 구식 자동차, 화질이 떨어지는 영화, 부담스러운 헤어스타일, 기묘한 패션 등은 현 시대로서는 모두 우스꽝스럽게 보인다. 나 역시 자부심을 느끼는 베이비 부머지만 젊은 시절의 기괴한 옷차림과 헤어스타일을 지금

보면 당황스럽다. 그러나 그 때에는 우리 자신이 아주 멋지고, 의미 있다고 생각했다.

아이러니컬하게도 나는 이따금 오리지널 포드 모델 T를 갖고 싶다는 생각을 한다. 그러나 그 차에는 파워스티어링, 에어컨, 에어백, 듀얼 브레이크가 없다는 것과 등이 휠 정도로 덜컹거리는 점들을 십 분 정도 생각하고 나면 요즈음의 "최신형"의 VW비틀을 더 타고 싶어진다.

이 세대는 의학적으로도 많이 진보했다고 생각한다. 나는 유능한 의사들, 마취제와 진통제들에 대해 감사하지만 아직도 우리를 공격하는 수많은 질병이 존재하고, "치료제"들은 질병보다 더 나쁜 부작용을 초래한다. 수백 년 동안 암과 싸워왔지만 아직도 이 싸움에서 이기지 못하고 매년 수천만 명이 암으로 죽어간다.[31] 현대가 항상 좋은 것은 아니다.

지난 200년 동안 이른바 현대 의술은 환자들의 "피를 흘리게"[흘려보내는?]하는 수술을 해왔고, 이 때문에 많은 사람이 죽었다. 최첨단 의약품 역시 문제를 안고 있다.

사람이 피를 잃으면 목숨을 잃는다. 조지 워싱턴이 중병에 걸렸을 때, 의사들은 방혈이 도움이 될 것이라고 생각했다. 그러나 단연코 도움이 되지 않았다. :

1799년 12월 13일, 조지 워싱턴은 심한 후두염이 심한 상태에서 기상했는데 건강히 급속도로 악화되기 시작했다. 방혈 지지자인 그는 다 다음날 피를 흘려보내기를 부탁했고, 의사들은 약 16시간 동안 약

5-7파인트(2.3-3.3리터)정도의 피를 방혈했다. 의료진의 노력에도 불구하고 워싱턴은 12월 17일 과도한 혈액 손실로 인해 사망했다. 1685년, 찰스2세의 사망원인 역시 발작 이후 팔과 목의 출혈로 사망했다. [32]

요즈음엔 환자들이 종종 피를 필요로 하기 때문에 그들에게 수혈을 한다는 것을 우리는 알고 있다. 육체의 생명이 피에 있기 때문에 피를 제거하기 보다는 혈액을 대체한다.

3,500년 전에 쓰인 레위기 17장 11절은 피는 생명을 위한 필수라고 선언했다. "생물의 생명이 바로 그 피 속에 있기 때문이다."

체온

무엇이 우리 몸을 따뜻하고 기분 좋게 해주는지 생각해본 적이 있는가? 외부의 영향도 있겠지만 주된 것은 내적 영향이다. 즉 음식으로부터 얻은 열이 혈액에 의해 몸 구석구석까지 전달되기 때문이다. 몸의 피가 따뜻하기 때문에 우리는 **온혈동물**로 불린다.

부드러운 우리 몸속에는 압력과 열을 지닌 따뜻한 붉은 피가 매우 복잡한 혈관조직을 통해 매우 빠른 속도로 강같이 흐른다. 학교에서 죽은 벌레를 칼로 자르는 것을 즐기는 생물학 괴짜가 아니라면 피를 그다지 유쾌하게 생각하지 않을 것이다. 내 친구 하나는 이를 닦을 때 거울을 보지 못한다. 거품과 침을 보면 토할 것 같다는 것이다.

피에 대해서도 비슷한 반응을 보이는 사람들이 많다. 피를 보기만 해도 거의 힘이 빠질 정도인데 붉은 강과 같은 피가 우리 몸 안을 빠르게 순환하고 있다는 사실에 대해 생각조차 하기 싫은 사람들이 많다.

싫든 좋든 만일 당신이 성인이라면 당신 몸속에는 약 4.5리터의 진득한 피를 보유하고 있으며, 피는 체중의 약 7퍼센트 이상을 차지하고 있다. 주먹보다 약간 큰 크기에 근육으로 되어 있는 심장은 놀라운 혈액 펌프이다. 심장은 매일 약 10만 번 박동하면서 약 9,000리터의 피를 펌핑하고 순환계를 통해 끊임없이 혈액을 공급한다. 평균 수명을 70세로 가정할 때 심장은 평생 약 25억 번 뛴다.

이러한 인간의 심장을 만드신 하나님은 과연 어떤 분일지 생각해보라. 인간의 심장만 얼핏 보아도 그분의 놀라운 능력을 감지할 수 있다. 코끼리, 기린, 사자, 고래, 벌,새 등의 심장은 또 어떠할지 생각해보라. 하나님은 어떻게 그러한 것들을 생각해 내셨을까? 또 그 재료들을 어디에서 구하셨을까? 어떻게 이 모든 구성요소가 서로 어우러져 생명을 유지시킬 수 있을까? 이러한 생각들을 하노라면 갑자기 우리 머릿속이 복잡해진다. 들어올리기에 실패한 역도선수처럼 우리는 그 어떤 중압감을 느끼기 시작하고 그 무게감에 눌려 이내 생각을 내려놓는다. 그리고 시편 저자와 같은 고백을 한다. "이 깨달음이 내게는 너무 놀랍고 너무 높아서, 내가 감히 측량할 수조차 없습니다. (시편 139:6).

우리 폐에 공기가 꼭 필요하듯 혈류(blood flow) 또한 우리 몸에 필수

적이다. 폐와 협력관계를 유지하면서 완전히 독립된 일종의 자동화 시스템을 통해 우리 몸 곳곳에 피는 산소를 공급한다.

피를 보면 호흡이 곤란해질 정도는 아니더라도 대다수의 사람들이 피를 보면 놀란다, 피의 붉은 색이 일단 보는 사람들로 하여금 경각심을 불러일으킨다. 이러한 반응 때문에 우리는 정지신호나, 화재경보, 소방차 등에 피처럼 붉은 색을 사용한다.

이러한 순환계를 보면서 다시 한 번 하나님의 놀랍고 놀라운 창조 능력에 대해 생각해 보기 바란다. 또 우리가 어떻게 아버지의 힘을 빌어 어머니의 뱃속에 잉태되었는지에 대해서도 생각해보라. 단 몇 주 만에 우리의 심장, 피, 그리고 필요한 기관 등이 DNA에 기록된 모든 유전정보와 함께 그 작은 몸 안에 형성된다.

혈액은 골수에서 만들어지고 일정 시간이 지나면 파괴된다. 이 모든 조직을 보호하기 위해 부드러운 피부가 우리 몸을 덮고 있다. 그리고 우리 폐가 일시적으로 숨을 들이쉬지 않을 때에도 심장의 펌프활동은 지속되어 우리가 살아있게 한다. 우리의 첫 호흡은 모태에서 미끄러져 나오는 순간에 시작된다.

어떻게 한 생명이 탄생하는가를 연구하기 위해 얼마나 많은 의사와 과학자들이 동원되어왔는지 아는가? 만일 이들이 컴퓨터를 제조하듯 인간의 두뇌와 눈과 다리와 손과 발과 신경과 뼈와 근육 그리고 이것들과 연결된 수 없이 많은 부분들을 만들 수 있으려면 얼마나 오랜 시간이 필요할까? 만일 만들어 낸다고 하더라도 어떻게 영혼을 만들어

낼 것이냐는 큰 문제가 남아있다. 우리가 "생명"이라고 부르는 영혼이 들어오기 전까지는 우리 몸은 단지 정교한 기계에 불과하다.

> "바람이 다니는 길을 네가 모르듯이 임신한 여인의 태에서 아이의 생명이 어떻게 시작되는지 네가 알 수 없듯이, 만물의 창조자 하나님이 하시는 일을 너는 알지 못한다."(전도서 11:5)

물론 인간은 결코 살아있는 인체를 만들 수 없다. 백만 년이 지난다고 해도 마찬가지이다. 우리는 무(無)에서 따뜻한 피 한 방울조차 만들 수 없다. 그러나 우리는 "과학자들이 공장에서 대량생산이 가능한 인공혈액을 만들다. 과연 혈액의 무한 공급은 가능한가?"라는 제목의 기사를 통해 인간이 피를 만들 수 있다는 사실에 대해 듣고 있다.

새로운 방법을 통해 과학자들은 질병에서 자유롭고 어떤 형의 혈액에도 무한공급이 가능한 O형의 인공적혈구를 생산을 기대하고 있다. 수혈이란 부상이나 수술 후 혈액손실을 대체하는 한 방법이다. 미국 국립보건원에 따르면 매해 5백만 명의 미국인이 수혈을 필요로 한다고 한다.

> 터너와그의 연구팀은 '만능줄기세포(pluripotent stem cells)', 즉 인체로부터 추출한 정상세포를 분화이전의 세포로 변형시킨 줄기세포를 이용하여 O형의 혈액 적혈구를 만들 수 있었다. 이 기술은 2016년 또는 2017년이면 인체를 대상으로 한 최초의 임상실험이 가능할 것이

다. 이 실험에서 연구진들은 여러 차례의 수혈을 필요로 하는 혈액장애, 즉 '지중해빈혈(thalassaemia)' 환자들을 대상으로 실시할 것이다.[33]

인간은 하나님이 만드신 재료를 사용하면서 마치 자신이 창조주인 양 스스로에게 영광을 돌린다.

아무쪼록 하나님이 우리의 눈을 열어 하나님이 누구신지, 무슨 일을 행하셨는지 조금이나마 엿볼 수 있기를 바란다. 하나님의 창조능력을 알게 되면 우리는 그분을 믿음으로 경배하지 않을 수 없게 될 것이다. 그리고 이전의 막연한 두려움은 창조주를 향해 우리가 마땅히 지녀야 할 경외심으로 바뀔 것이다.

멍멍이 샘과 함께 전도하다.

2018년 4월, 마지막 목요일 오후, 샘과 나는 자전거를 타고 따사로운 햇살과 상쾌한 공기를 즐겼다. 늘 그러하듯 사람들은 선글라스를 낀 개를 보고 손을 흔들거나 소리쳤다. 동네 공원으로 들어설 때, 삼십대 초반으로 보이는 두 남자가 자그마한 흰 개를 끌고 걸어오고 있는 것이 눈에 띠었다. 땀을 흘리며 더워하는 것으로 보아 아마도 농구를 하다가 오는 것 같았다. 그 상태에서는 일부러 멈춰 서서 나와 이야기를 나누지 않을 것 같다는 생각이 들었다. 그뿐 아니라 개들이 서로

짖어대면 한바탕 소동이 벌어질 것이기 때문에 나 역시 굳이 말을 걸고 싶지 않았다. 그런데 내가 말을 걸기 전에 둘 중 왼쪽에 있던 남자가 소리쳤다.

"와! 대단합니다. 저도 지난 저녁 우리 개를 위해 그런 장치를 만들까 생각했거든요. 어떻게 만들었는지 보고 싶은데, 잠시 자전거를 세워주실래요?"

그래서 나는 샘을 태울 보조좌석을 어떻게 만들었는지 설명했다. 또 어떻게 하면 자전거에 단단히 고정시킬 수 있는지, 개 전용 안전벨트는 어떻게 부착하는지에 대해서도 알려 주었다. 그 두 사람은 릭과 마리오였다. 나는 릭과 마리오에게 십계명 동전을 건네주고 그것이 무엇인지 설명했다. 그러자 릭이 자기는 가톨릭신자라고 말했다.

카메라 인터뷰에 응할 수 있느냐고 릭에게 물었더니 그는 흔쾌히 응했다. 그러나 그 순간 그의 개가 갑자기 짖기 시작하자 마음을 바꿨다. 그래서 나는 촬영은 하지 않더라도 삼사 분 동안 이야기만 나눌 수 있겠냐고 졸랐다. 그는 그 자리에 선채로 복음을 들었다. 나는 가던 길을 멈추고 내 말을 들어준 것에 대해 감사하다고 말했다. 그리고 하나님과의 관계를 회복하는 것이 얼마나 중요한지 말하면서 두 사람 모두에게 지하철 선불카드를 주었다.

나는 그들이 계속 이야기를 나누며 걸어가는 것을 바라보았다. 그러자 릭이 가던 길을 멈추고 돌아서더니 내게 말했다.

"우연이란 없는 것 같습니다. 그렇지요?"

"맞습니다,"

나는 웃으며 답했다.

운동을 하고 있던 리처드를 만나다

자전거를 타고 가다가 맞은편에서 걸어오고 있는 한 남자를 보았다. 그와의 거리가 약 30m 정도로 좁혀졌을 때 나는 그에게 줄 선물이 있다고 소리쳤다. 그러자 그는 멈춰 서서 잠시 머뭇거리더니 나를 향해 걸어왔다. 나는 자전거를 돌려 그에게 다가가서 십계명 동전을 건네며 그것이 무엇인지 설명했다.

그의 이름은 리처드였다. 그러자 리처드는 오후 운동을 위해 나왔기 때문에 이야기할 시간이 없다고 말했다. 그렇다며 함께 걸어도 되겠느냐고 물었더니 그는 그렇게 하라고 답했다. 나는 간략히 내 소개를 한 후, 그와 함께 걸으면서 내세가 있다고 믿는지 물었다. 리처드는 생각해본 적이 있다고 답했다. 그러나 십계명에 대한 이야기로 넘어가자 그도 다른 사람들처럼 죄책감을 느끼는 것이 분명했다. 그 순간 그는 더 이상 말하고 싶지 않다고 말했다.

나는 그의 마음을 불편하게 해서 미안하다고 말한 후 인사를 하고 헤어지기 전에 지하철 선불카드를 주었다. 그러자 그는 당황한 기색을 보이더니 즉시 내게 질문을 해대기 시작했다. 예를 들어 어느 길이 옳은 길인지, 다른 종교들은 어떠한지에 대해 15분에서 20분 정도 질문을 이었다. 그가 내게서 멀어지고 싶어하는 이유는 아마도 그의 죄책감 때문일 것이라고 나는 말했다. 우리는 본질적으로 어둠을 사랑하고 빛을 미워한다. 그리고 빛이 들어오자 우리는 그것으로부터 달아나 다시 어둠 가운데로 돌아가기 원한다. 그도 같은 과정을 거치고 있다는 것을 그의 눈빛을 보고 알 수 있었다. 리처드는 내가 사인한 책도 받았다. 그리고 지하철 선불카드에는 다음과 같은 성경구절이 찍혀 있었다.

"선을 행함으로 어리석은 자들의 무지한 입을 막는 것이 하나님의 뜻입니다."(베드로전서 2:15).

돌아보기 ─────────────────

1. 의사들은 언제까지 방혈을 치료법으로 사용했을까요? 그들이 그러한 치료법을 사용한 이유는 무엇입니까?

2. 피를 보면 당신은 어떤 느낌이 듭니까? 심하게 살을 베인 적이 있나요?

3. 하나님의 능력에 대해 생각하면서 생각의 무게를 느껴 본 적이 있습니까?

4. 당신의 심장은 하루에 몇 번이나 뜁니까?

5. 하나님을 묘사할 때 당신은 어떠한 수식어를 사용합니까?

6. 당신이 그리스도인일 경우, 낯선 이들에게 복음을 전한 적이 있습

니까?

7. 복음을 전할 때 당신이 느끼는 가장 큰 두려움은 무엇입니까?

제4장

지구는 둥글다.

영화 〈80일간의 세계일주〉는 내가 좋아하는 영화 가운데 하나이다. 이 영화는 캐릭터도 멋지고, 로맨스, 모험, 뛰어난 주제음악, 유머, 긴장, 음모 등 좋은 영화가 갖추어야 할 요건을 모두 갖추고 있다. 이 영화는 1873년에 출판된 쥘 베른의 『80일간의 세계일주』를 토대로 만들어졌다.

그 이후 운송 속도는 매우 빨라졌다. 《포퓰러 메카닉스*Popular Mechanics*》에 따르면,

> 지난 백 년 동안 세계는 매우 좁아져서 어느 곳이든 갈 수 있게 되었다. 제트기 시대를 상상하는 것은 어렵다. 그러나 얼마 전만 해도 지구 이편에서 저편으로 간다는 것은 멀고도 힘든 과정이었다. 지구를 한 바퀴 도는 것은 말할 것도 없다.
>
> 1521년 마젤란 일행이 처음으로 지구를 한 바퀴 돌았지만, 3년이나

걸렸고, 그 과정에서 마젤란을 포함한 대다수의 선원이 도중에 사망했다. 그러나 오늘날 우리는 얼마나 빨리 세계 일주를 할 수 있는가? 사실 이 질문에 대한 답은 기준을 어떻게 정하느냐에 달려있다. 우선 대기권 내에서의 기록을 살펴본다면, 1992년 에어 프랑스의 콩코드가 약 33시간 이내로 세계일주 기록을 달성했다.

그러나 대기권 외 우주공간에서라면 시간은 훨씬 더 단축될 것이다. 국제우주정거장에 탑승한 우주비행사들은 92분마다 지구를 돌고 있다. 엘론 머스크(민간우주기업 페이스엑스의 CEO-옮긴이)는 언젠가는 세계 어느 곳이나 1시간 내에 도달 수 있게 될 것이라고 말한다.[34]

성경의 권위를 깎아내리려는 사람들은 성경이 지구가 어떻게 생겼는지 말한다고 해서 성경을 믿을 필요는 없다고 말한다. "우리는 지구가 둥글다는 사실을 2천 년 넘게 알아왔다."는 제목의 BBC기사에서 저자는 고대 그리스인들을 거론하면서 다음과 같이 말했다.

아주 오래전 그리스도인들은 세계 일주를 하거나 우주에 가본 적도 없는데도 지구가 편평한 것이 아니라 공처럼 둥글다고 생각했다.[35]

그러나 지구가 둥글다고 생각한 것은 이보다 더 오래 전의 일이다. 즉 성경이 지구가 둥글다는 것을 이미 말했기 때문이다.

"그는 땅 위의 '둥근'천장에 앉으시니(He sits above the circle of the earth)

에 앉으시나니"(이사야 40:22 우리말 성경)

"둥근"으로 번역된 히브리 단어는 'chuwg'이며, 그 의미는 문맥에 따라 "구형" 또는 "볼록한 원형"등으로 번역된다. 즉 넓적하거나 사각형 형태가 아니라 원형의 둥근 공과 같은 그 어떤 것을 의미한다. 이사야서는 기원전 700년경에 기록되었다. 아리스토텔레스가 그의 저서 『천체에 관하여On the Heavens』에서 지구가 둥굴 것이라고 말한 것보다 약 300년 앞선다. 그는 배의 돛이 수평선 너머로 가라앉듯 점차 보이지 않는 것을 지켜보고, 월식 때의 달을 연구함으로써 이러한 사실을 입증했다.

그는 달에 비친 지구의 그림자의 가장자리가 둥근 원형이라는 사실을 날카롭게 지적했다. 그 후 2,000년이 지난 후에도 많은 사람들이 여전히 지구는 평평하다고 믿고 있을 때, 성경의 영감을 받은 크리스토퍼 콜럼버스는 세계를 항해했다.

케이 브리검의 저서 『크리스토퍼 콜럼버스:그의 예언에 비추어 본 생애와 발견 Christopher Columbus: His Life and Discovery in the Light of His Prophecies』에 등장하는 인용문이다.

이 무렵 저는 성경과 우주론과 역사와 연대기와 철학과 기타 다른 학문들을 섭렵했습니다. 그 과정에서 주께서 내게 깨달음을 주셨습니다. (나는 그분의 손길이 내게 임하는 것을 느낄 수 있었습니다.) 그리고 인디스(*인도 제국의 옛이름)를 찾아 항해할 수 있다는 확신이 생겼습니다. 즉 그분이 내 안에 비전을 주셨고, 그것을 행동으로 옮기게 하신 것입니다. 그리고 열정을 가지고 여왕을 알현했습니다. 제 항해 계획을 들었던 모든 사람들이 나를 비웃고 조롱하면서 투자를 거절했습니다. 앞서 언급한 여러 가지 학문적 지식도 권위 있는 성경의 인용도 아무런 소용이 없었습니다. 오직 여왕님만이 한결같은 믿음과 신뢰를 지키셨습니다.

이 모두가 성령의 조명(illumination)이었다는 것을 그 누가 의심하겠습니까? 거룩하고 신성한 성경을 읽을 때마다 그분(성령)은 신비로운 빛을 비춰주심으로써 저를 위로하시고, 계속 추진하라고 격려하셨습니다. 그리고 때가 임박했다는 것을 깨닫게 하시고 제 속에 끊임없는 열정이 타오르게 하셨다는 것을 저는 증언합니다. 저는 가장 악한 죄인입니다. 제가 그곳 사람들을 위해 주게 간구할 때마다 주님의 긍휼과 자비가 완전히 저를 감쌌습니다. 저는 그분의 놀라운 임재를 묵상하는 가운데 제 모든 염려를 던져버리고 가장 달콤한 위로를 찾았습니다.

앞서 말씀드렸듯이 인도 항해 계획이 성취하는데 도움이 된 것은 인간의 이성도, 수학도, 세계지도도 아니었습니다. 오로지 이사야서의 예언이었습니다. [36]

시몬 비젠탈은 그의 저서 '희망의 항해(*Sails of Hope*)'에서 콜럼버스의 글에 대해 다음과 같이 말했다.

콜럼버스의 생각과 행동에 종교적 요인이 크게 작용했다는 것은 그의 모든 글에서 분명하게 나타난다. 그가 인디스를 찾기 위해 서쪽으로 항해를 하겠다는 생각을 하게 된 것은 지리학적 이론의 영향을 받아서가 아니라 성경의 특정 본문, 즉 이사야서에 대한 확신 때문이었다는 것은 아주 놀라운 일이다.[37]

그러나 성경이나 과학이 지구가 둥글다고 말함에도 불구하고 오늘날에도 여전히 지구가 평평하다고 믿는 사람이 있다는 것이 믿기지 않는다.

플랫 어스 소사이어티(Flat Earth Society)에 따르면 :

지구는 바다를 뒤에서 받혀주는 얼음벽에 둘러 쌓여있다. 탐험가들이 남극대륙이라고 불러온 것이 바로 이 얼음벽이다. 플랫 어스 소사이어티의 주요 관심사는 얼음벽 너머의 세계이다. 우리가 알다시피 이 얼음벽을 너머로 갔다가 돌아와 그 여정에 대해 이야기 한 사람은 아무도 없다. 우리가 알고 있는 것은 이 얼음벽이 지구를 둘러싸고 있으며, 바다를 붙들고 있어서 우리가 알 수 없는 저 너머 낭떠러지로 떨어지지 않도록 보호해준다는 것이다.[38]

이보다 더 믿기 어려운 것은 당시 그리스도인이라고 자처하는 사람들 가운데서도 지구가 평평하다는 사실을 믿는 사람들이 늘어가고 있다는 사실이다. 말도 안 되는 것을 반박해야 한다는 것 자체가 당혹스러운 반면 우리는 어떻게 지구가 둥글다는 것을 알았는지 알아보는 것도 흥미롭다.

앞서 살펴보았듯이 아리스토텔레스는 달에 비춰진 지구의 그림자를 관찰함으로써 지구가 둥글다는 것을 확신하게 되었다. 달을 가로지르는 그림자의 경계가 곡선인 것은 [그림자의 외각은 항상 곡선이다.] 지구가 평평하지 않고 둥글다는 것을 보여준다. 또한 배가 수평선 위로 나타날 때나 수평선 너머로 사라질 때 돛부터 나타나거나 돛이 마지막으로 보이는 것에 대해서도 살펴보았다. 지구가 평평하다면 마치 지구 언저리에서 뚝 떨어지듯이 배의 모습이 즉시 사라졌을 것이다. 아리스토텔레스는 또한 이집트와 사이프러스에서 보았던 별들과 북부 다른 지역에서 본 별들이 다르다는 것을 알아냈다.

그는 말했다. "이집트와 사이프러스에서는 보였던 별들이. 북부 지역에서는 보이지 않았다."만일 지구가 평평하다면 지구위의 모든 사람들이 같은 별을 볼 것이다. 그러나 사실은 그렇지 않다. 남반구에서 보는 별은 북반구에서 보는 별과 다르다. 이것은 지구가 평평하지 않다는 사실을 보여준다. 지구가 둥글다는 또 다른 증거는 지상 1,000피트 높이의 창문에서 보다 지상30,000피트 높이의 창문에서 훨씬 더 멀리 볼 수 있다는 것이다. 더 멀리 볼 수 있는 이유는 지구의 곡면을 가로질러 보기 때문이다. 이러한 현상은 지구는 평면이 아니라 둥근 구라는 사실을 다시 한 번 보여준다.

BBC기사는 다음과 같이 이어진다.

그리스의 또 다른 철학자이며 수학자인 에라토스테네스는 더 나아가 지구둘레를 측정했다. 그는 정오에 이집트의 한 도시에서는 태양이 곧장 그의 머리 위를 비추는 반면 다른 도시에서는 태양의 고도가 그리 높지 않다는 것을 발견했다.

에라토스테네스는 두 도시의 거리를 알고 있었고, 같은 시간 양쪽의 고도를 측량한 후 삼각법과 유사한 방법을 사용했다. 정밀한 측정법을 사용하지 않았으나 그가 얻어낸 답은 현대의 측정값과 거의 일치한다.

지구가 둥글다는 사실은 어느 정도 교육을 받은 사람들 사이에서는 상식이 되었고, 그 이후 점차 확산되었다.

최근 사람들은 지구를 돌아 어디에든 간다. 포루투갈의 탐험가 페르디난드 마젤란은 1519년에서 1522년 동안 그 유명한 지구를 한 바퀴 도는 항해를 했다. 만일 지구가 둥글지 않고 끝이 있었다면 불가능한 일이었다.

그러나 마젤란 보다 훨씬 앞 선 시대의 선원들도 분명 지구가 둥글다는 것을 직접 확인했을 것이다. 그리고 산과 같이 높은 그 어떤 것을 향해 항해를 할 경우 처음엔 꼭대기만 보이다가 차츰 전체가 수면위

로 나타나는 것을 보게 될 것이다.[39)]

또한 오늘날 우리는 우주에서 찍은 수많은 사진과 영상을 접할 수 있으며, 그 가운데 지구가 평평하다는 것을 보여주는 것은 하나도 없다. 성경이 말하는 것처럼 지구는 둥글다.

물로 뒤덮인 지구

현대 과학자들의 다수가 이 놀라운 지구를 하나님이 창조하신 것에 대해 감사하지 않는다. 대신 물이 있는 행성에 살고 있다는 것이 우리에게 얼마나 큰 "행운(lucky)"인지 모른다고 경탄한다.

인간에게 물이 없다면 완전히 죽은 오리 신세가 되기 때문이다. 따라서 우리에겐 분명 "행운"이다. 태양이 지구로부터 약 1억 5천만km 거리에 위치한 것 역시 행운이다. 만일 조금만 더 거리가 가까웠다면 우리는 구운 거위가 될 것이기 때문이다. 반대로 조금만 더 멀리 떨어져 있어도 우리는 냉동 칠면조가 될 것이다. 또 중력이 스스로 작용하여 우리가 이렇게 존재한다는 것도 행운이다.

그뿐 아니라 지구상에 먹을 것들이 있어서 굶주리지 않는 것 역시 행운이다. 우리가 식욕을 느끼는 것, 음식 맛을 느끼는 것, 음식물을 씹는 것, 식도로 삼키는 것, 침으로 부드럽게 만드는 것, 위장으로 음식물을 보내는 것, 위산이 소화를 시키는 것, 피를 통해 온 몸에 영양분을 공급하는 것 등이 모두 행운이다.

최근 〈뉴스위크〉지의 기사는 어떻게 이 지구에 물이 존재할 수 있는지에 대해 설명했다. It was titled "과학자들이 소행성이 어떻게 지구에 물을 전달했는지 보여주기 위해 초대형 강력 대포를 사용하다." 라는 제목의 이 기사의 일부를 인용한다.

> 지구는 물로 덮여 있기 때문에 "블루 마블"이라는 별명을 얻었다. 그러나 이 물은 어디에서 온 것일까? 이것은 과학의 가장 큰 미스터리로 여기는 것 가운데 하나이며, 납득이 갈만한 설명을 위해 작성한 시나리오만 해도 부지기수이다.[40]

그러나 하나님을 배제한 상태에서 이 행운의 별 지구를 연구해봤자 아무런 의미가 없다. 소행성의 충돌을 통해 이 지구에 물이 생겼다면, 그 소행성들은 어디에서 왔으며, 어떻게 지구에 충돌했는가? 소행성은 물의 성분을 지니고 있었다고 해도 그것 자체도 신비가 아닐까? 물의 구성은 매우 복잡하다. :

> 물은 산소원자 하나와 수소원자 두 개로 구성되어 있으며, 이것들은 작은 자석처럼 서로 결합되어 있다. 원자는 물질을 구성하고, 그 중심에 핵이 있다. 각 원자는 원자번호로 구분한다.
> 원자핵에 있는 양성자수에 따라 원자번호가 붙여진다. 양성자는 양전하를 지닌 작은 입자이다. 수소원자핵에는 양성자가 한 개, 산소원

자핵에는 여덟 개가 있다. 또 핵에는 전하(물체가 띠고 있는 정전기의 양)를 띠지 않는 중성자가 있다.

양성자와 중성자 외에 음전하를 띠고 있는 전자가 있으며, 전자는 핵 주변의 전자구름에서 볼 수 있다. 원자의 전자 수는 핵의 양성자의 수와 같다. 양성자와 전자 사이의 끄는 힘이 원자의 상태를 유지시킨다. [41]

혼히 알고 있듯이 물은 단지 H2O일 뿐이라면 우리도 무(無)에서 물을 창조할 수 있을 것이다. 그러나 우리는 만들어 낼 수 없다. 하나님이 제공하시는 재료를 사용하지 않고서는 바다는 물론 단 한 방울의 물을 만들어낼 방법의 실마리조차 찾을 수 없다. 어떻게 이 지구상의 모든 물을 담은 소행성에 담겨있을 수 있으며, 그것들이 운 좋게도 지구를 향해 제대로 날아와, 바다를 충분히 채울 정도의 물을 남겼을까?

이 지구에 살고 있는 인간만 운이 좋다고 할 수는 없다. 그들의 주장대로라면 일부 어류가 우주를 돌진하는 소행성을 히치하이킹해서 지구까지 온 후, 진화해서 남자와 여자가 되고, 나머지는 더 많은 물고기를 번식시켰으니 이들 물고기야 말로 행운이 아닌가. 〈뉴스위크〉지의 기사는 다음과 같이 이어진다.

그러나 가상의 시나리오가 어떻게 진행되었는지 보여주기 위한 또 다른 실험이 진행되었다. 물을 보유한 소행성들이 지구와 충돌해서 지

구에 물을 가져다주는 과정을 시연하기 위해 우주충돌 시뮬레이션이
가능한 독특한 기기를 이용했다. 이 실험의 결과는 〈사이언스 어드
밴스Science Advances〉저널에 발표될 것이다.

이 실험 모델은 물을 많이 포함하고 있는 탄소질 콘드라이트 운석이
지구에 충돌하면서 지구에 물을 가져다주었을 것이라는 가설을 입증
한다. [42)]

그렇다면 이처럼 물이 가득한 소행성은 어디에서 오는 것일까? 그러
나 이 실험에서 이러한 질문은 중요한 것 같지 않다. 중요한 논점은 충
격 당시의 엄청난 열로 인해 물이 증발해버렸느냐 아니냐이다.

그래서 이 연구팀은 캘리포니아에 있는 나사 연구소의 AVGR((Vertical
Gun Range)을 이용했다. 이장비는 우주에서 흔히 발생하는 일종의 초
강력 충돌 현상을 축소하여 시뮬레이션할 수 있도록 설계된 장비이
다. 이 장비는 시속 17,702.784km 이상의 발사능력이 있다. 그러나
아직까지는 가장 속도가 느린 운속의 충돌속도의 절반에 불과하다.
과학자들은 수분이 함유된 탄소질 콘드라이트 운석의 소형 복제물을
만들었다. 그리고 매우 건조한 암석표면에 고성능 건을 쏘았다. 그
결과 암석은 녹은 후 다시 굳어 엉망이 되었다. [43)]

실험을 마친 후 연구가들은 충돌 시 물의 3분의 2가 사라진다는 사
실을 인정했다. 그러나 그들은 그 실험이 성공적이었다고 확신한다.

지구생성 초기에 이러한 충돌이 연이어 일어났을 것이고 새로운 연구 결과가 보여주듯이 이렇듯 반복적인 충돌로 인해 매번 물이 추가되면서 지금과 같이 우리가 사랑하는 물 덮힌 지구가 되었다고 과학자들은 *확신한다.* [44]

이러한 소행성 충돌 이론은 지구가 10만년 동안 물로 가득한 소행성들의 폭격을 받은 결과 오늘날과 같은 지구가 우리에게 주어졌다는 이론이다. 내셔널지오그래픽의 다큐멘터리 〈원 스테리인지 락One Strange Rock〉에서 우주비행사 니콜 스토트의 말에 의하면 우리는 이들 소행성에게 감사해야 한다. 액체, 기체, 고체라는 세 가지 형태로 존재하는 물을 지구에 가져다주었기 때문이다. 또 지구에 생물이 살 수 있게 된 것은 소행성이 아주 적절한 위치에 떨어졌고, 태양과의 거리가 적절하기 때문이라는 것이다.

결국 이들의 주장에 따르면 담수나 바닷물이나 앞에서 언급한 그야말로 행복한 물고기와 물을 마셔야 하는 인간, 폭포, 비구름, 호수, 바다 등의 기원이 소행성과의 충돌 때문이라는 것이다. 그리고 이것들은 이 행운의 지구 표면에 달라붙어 아무런 말도 이유도 없이 빠른 속도로 우주를 돌고 있다는 것이다.

멍멍이 샘과 함께 전도하다.

금요일 오전이었다. 우리는 무게가 86kg 정도 되는 캐노피가 배달되기를 기다리고 있었다. 그러나 오전 7시에 전화가 걸려왔다. 20분 내로 도착할 것 같다고 배달기사가 말했다. 나는 기겁을 해서 일어난 후 후다닥 샤워를 하고, 옷을 갈아입고, 아래층으로 내려갔다. 그런데 벌써 그들은 와 있었다. 율리시즈와 마리오라는 두 청년이 큼직한 캐노피를 날랐다. 나는 그들에게 각각 내가 쓴 책을 주었다. 그리고 배달에 대해 감사했다. 그들은 갑자기 왔던 것처럼 갑자기 사라졌다.

나는 기분이 안 좋았다. 사실 "제가 한 삼 분 동안 이야기를 해도 될까요? 내세가 있다고 생각하시나요?"라는 말만 해도 되었을 텐데, 지레 겁을 먹고 시도도 하지 않았다. 나는 겁쟁이 중에 겁쟁이다. 내가 그렇게 겁을 냈던 것은 아무런 준비가 되어 있지 않은 상태에서 그들을 만났기 때문이다. 그들이 그처럼 일찍 올 것이라고는 전혀 생각지 못했다. 예컨대 그들이 도착하기 전에 그들을 위해 기도할 수도 없었고, 그들에게 전도할 생각도 하지 않았다.

전도에 대한 두려움을 극복하고 싶다면 사전준비를 했는지 확인하라. 먼저 당신 자신의 두려움을 정복해야 한다. 그렇지 않으면 상대방이 당신을 압도하게 될 것이다. 정복을 할 것인가, 정복을 당할 것인가의 문제인 셈이다. 따라서 전도할 때 어떠한 행동을 할지 또 어떠한 말을 할지 확인하라.

같은 날 오후, 나는 샘과 함께 전도하러 나갔다. 공원 저만치에 한 사람이 쓸쓸히 앉아 있었다. 나는 자전거를 타고 잔디를 가로질러 갔다. 그리고 앉아 있는 사람과 약 3m 간격을 두고 멈춰 섰다. 가까이 간 후에야 그가 젊은 여성이라는 것을 알았다. 이십 대 중반 쯤 되어 보이는 그녀는 아이폰을 들고 음악을 들으며 게임을 하고 있었다. 내가 인사를 건넸지만 그녀는 고개를 숙인 채 폰만 들여다보고 있었다. "안녕하세요!"라고 큰 소리로 말했지만 아무런 반응을 보이지 않았다. 그래서 나는 그녀에게 십계명 동전을 건네며 내세가 있다는 생각을 한 적이 있는지 물었다. 그녀는 생각해본 적이 있다고 답했다. 그러나 그녀가 믿는 것은 "영원한 생명"이 아니었다. 그녀는 모든 사람이 잠이 들었다가 부활할 것이라고 믿었다. 혹시 여호와의 증인 교도가 아니냐고 물었더니 그녀는 미소를 지으며 그렇다고 답했다. 그녀의 이름은 웬즈데이였다.

그녀는 카메라 촬영을 원치 않았지만 나와 잠시 대화를 나누는 것은 괜찮다고 했다. 여느 여호와의 증인교도처럼 그녀도 자신이 선한 사람이라고 생각했다. 그래서 나는 극단적인 예를 들으며 물었다. 등에 칼을 맞아 삼 분 밖에 살 수 없는 상황이라면 "어떻게 왕국(여호와의 증인은 육체의 부활을 믿지 않으며, 그들이 말하는 하나님의 나라, 즉 여호와의 왕국은 천국과 지상낙원을 합한 개념이다. 지옥은 존재하지 않는다. 육체가 죽으면 영혼은 소멸되고 무로 돌아간다. -옮긴 이)에 들어갈 수 있을까요?"

이것은 자신의 의로 구원을 받는 것인지 아니면 하나님의 자비로 구원을 받는 것인지를 설명할 때 효율적인 예화라고 나는 확신했다. 내가 구원을 받기 위해 무엇을 해야 하는지 그녀는 답하지 못했다.

나는 십계명을 거론하면서 도덕적 법이 우리를 십자가에 못 박았다고 말했다. 그 법이 십자가에 매달렸던 강도 같은 우리를 정죄한다. 십자가에 못박힌 상태에서 그가 할 수 있는 것은 오직 예수님을 향하는 것뿐이었다. 따라서 우리 역시 구원을 받기 위해서는 예수님을 바라보아야만 한다. 우리가 아무데도 갈 수 없고, 아무것도 할 수 없을 때 오직 예수님을 믿는 믿음만이 우리를 구원할 수 있다.

웬즈데이와 몇 분 동안 이야기를 하고 나니 우리 이웃에 사는 두 사람이 내가 있는 방향으로 천천히 걸어오고 있었다. 선글라스를 끼고 있는 샘을 본 그들은 나와 몇 마디 가벼운 대화를 나누었다. 나는 그들에게 십계명 코인을 건네주면서 내세에 대해 물었다. 그들은 불교신자였는데, 내가 복음을 전하자 귀 기울여 들었다. 사실 나는 가까운 이웃을 불편하게 하고 싶지 않았기 때문에 그들에게 복음을 전하는 것을 두려워했다. 그러나 그 날은 복음을 전해서 기쁘다.

뜻밖의 방문객

이웃 가운데 여호와의 증인 교도가 있다. 나는 그에게 선물도 건네고 수년에 걸쳐 밤마다 기도했다.

어느 날 누군가 우리 집 대문을 두드렸다. 젊은 여성이었는데 그녀는 여호와의 증인교도 가족과 결혼을 했다고 자신을 소개했다. 그녀는 계란상자를 들고 있었다. 그리고 우리 집에 계란이 있으면 10달러만큼 사고 싶다고 말했다. 그녀의 가족들은 부재중이었다. 가끔 나는 우리 닭이 낳은 알을 그 집에 갖다 주곤 했다. 그리고 그녀는 그 사실을 알고 있었다. 나는 그녀에게 계란을 몇 알 주겠다고 말했다.

나는 냉장고에서 계란을 몇 개 꺼낸 후 내가 쓴『우울증과 자살충동과 싸우는 법*How to Battle Depression and Suicidal Thoughts*』과 함께 주었다. 그녀는 책을 받으면서 자기는 우울증이나 자살충동에 시달리지는 않지만 지인 가운데 그러한 사람이 있을지 모르겠다고 말했다. 책을 들여다보고 있던 그녀가 고개를 들고 내 눈과 마주치자 그녀의 눈에 눈물이 그렁그렁하더니 거의 무너져 내렸다. 사실 그녀는 심한 우울증과 자살충동으로 힘들어했고, 정신과 의사에게 상담을 받고 있다고 말했다.

우리는 현관 계단에 앉았다. 그리고 그녀에게 정신과 의사가 정신질환이 있다고 말했느냐고 물었다. 그녀는 그렇다고 답했다. 사실 우울증을 정신 질환으로 분류하기 시작한 것은 불과 30-40년 전부터이며, 이로 인해 수 십 억에 달하는 처방약 시장 문이 활짝 열렸다고 말했다. 인생은 심히 우울하기 때문에 우울해 하는 것은 정상이며, 특히 우리 모두가 죽어야 한다는 사실로 인해 더욱 우울하다고 말했다. 그녀도 여호와의 증인 교도냐고 묻자 "어느 정도는 그렇다고 할 수 있어요."라고 답했다. 나는 성경을 직접 보면서 복음에 대해 이야기 하고 싶다고 말했다. 그리고 율법부터 시작하여 예수님이 왜 십자가에서 돌아가셔야 했는지 물었다.

그녀는 예수님은 완전한 대속물이기 때문이라고 대답했다. (그들은 예수를 죄가 없는 완전한 하나님의 아들로 보고 완전한 인간으로 태어났다고 보나 하나님의 아들이라는 사실은 인정하지 않는다.-옮긴이)

그것은 여호와의 증인 교리일 뿐이며 성경이 말하는 예수님은 우리가 하나님의 은혜로 말미암아 의롭게 되게 하려고 돌아가셨다고 말했다. 나는 그녀에게 도움이 될만한 자료들과 지하철선불카드를 주고, 현관계단에 앉아 함께 기도했다. 그날 그녀가 우리 집에 오게 된 것은 계란 때문이 아니라 하나님이 데려오신 것이라고 그녀가 말했다.

돌아보기 ————————————————————————

1. 지구가 둥글다는 것을 알려주는 성경구절은 무엇이며, 어떻게 묘사하고 있는지 말해보십시오.
2. 지구가 평평하지 않다고 말할 수 있는 이유는 무엇입니까?
3. 아리스토텔레스는 지구가 둥글다는 사실을 어떻게 입증했습니까?
4. 만일 당신이 지구가 평평하다고 믿는다면 왜 그러한 생각을 하게 되었습니까?
5. 크리스토퍼 콜럼버스는 어디에서 영감을 얻어 세계를 항해하겠다는 결심을 하게 되었습니까?

6. 당신은 인간이 어쩌다 운 좋게 생겨났다고 믿습니까? 아니면 하나님이 창조하셨다고 믿습니까?

7. 누군가에게 복음을 전하기 위해서 우리는 어떤 준비를 해야 합니까?

제5장

해양과학

나는 침실에서 바다를 볼 수 있는 집에서 자라났다. 우리 집은 해변에서 약 100m 떨어진 곳에 있었기 때문에 여름이면 짠 바닷물에 늘 잠겨있다시피 했다. 부모님이 내게 주신 가장 큰 선물 가운데 하나는 대형 트렉터 바퀴 튜브였다. 나는 그것을 해변까지 굴리고 가서 몇 시간 동안 아무 걱정 없이 바닷물에 떠 있기도 하고, 다이빙을 하기도 하고, 끝없이 밀려오는 파도에 올라타기도 했다. 나이가 들어감에 따라 나는 서핑에 열중하면서 바다에서 더 많은 시간을 보냈다.

바다가 가까웠기 때문에 우리는 서핑, 수상스키, 수영, 배타기, 다이빙 등과 같은 수상 스포츠를 즐길 수 있고, 여러 가지 맛있는 생선을 먹을 수 있다. 만일 대륙을 둘러싼 오대양이 없다면 육지에서의 삶도 지금과는 딴판이 될 것이다.

매튜 모리는 해양학의 아버지로 여겨진다. 그는 (약 2,800년 전에 쓰임) 시편 8장 8절의 "바닷길"이라는 표현에 주목했다. 그리고 "만일 하나님께서 바다에 길이 있다고 말씀하셨다면 나는 그 길을 찾을 것이다."

라고 말했다.

　모리는 하나님의 말씀을 염두에 두고 이 길들을 줄곧 찾아다녔다. 그리고 그는 대륙간 난류와 한류를 발견했다. 해양학에 관한 그의 생생한 저서는 해양학의 기본서로서 오늘날에도 여전히 출간되고 있다.

　　모리는 1806년 버지니아주 스포칠베이니아 카운티에서 태어났다. 그는 하나님의 말씀을 깊이 새기고 실천하는 사람들 사이에서 유년기와 청년기를 보냈다. 모리 역시 그들처럼 하나님의 말씀을 신뢰했다. 그 결과 그는 미국의 위대한 창조과학자의 한 사람이 되었다. 그는 평생 창조와 창조주, 과학과 성경의 관계에서 그가 발견한 것들을 있는 그대로 이야기 했다. [45)]

　매튜 모리는 시간을 내서 오랜 항해일지들을 연구했고, 그것을 사용하여 해풍과 해류에 관한 도표를 작성했다. 해류의 속도와 방향을 연구하기 위해 그는 "해류병(drift bottles: 특정 지점의 경도와 위도와 날짜를 명시한 종이쪽지를 넣어 밀봉한 병으로 약간의 무게감이 있음.-옮긴 이)으로 알려진 병들을 방류했다. 이 병들은 바다 표면 바로 밑에 잠기기 때문에 바람의 영향을 받지 않는다. 병이 병에는 누구든지 해안에서 간 이 병을 발견하면 습득한 장소와 일시를 기입하여 다시 방류해달라고 부탁하는 문구가 명시되어 있다. 각 병의 위치와 날짜를 조사한 후, 모리는 해류, 즉 "바닷길"를 도표로 작성할 수 있었고, 이것은 항법학에 큰 도움이 되었다.

우리나라 사람이 바닷길을 발견했고, 바람의 해풍 지도로 만들었다. 그로인해 캘리포니아까지는 30일, 오스트레일리아까지는 20일, 리오 데자네이로까지는 10일로 항해 일 수가 단축되었다. 그는 진정으로 바다를 사랑했고, 바다와 교감했다. 바다가 요동칠 때에는 그 분의 전능하심과 위엄과 영원성을, 잔잔할 때에는 그분의 선하심과 지혜와 사랑을 느꼈다. 벤자민 프랭클린은 하늘에서 번개에서 전기를 끌어 냈고(*번개가 칠 때 연을 날려 전기를 담는 라이덴 병을 충전시킴.-옮긴 이), 새 뮤얼 모스는 자기 장치를 이용하여 모스부호를 만들었다. 이제 또 다른 천재 모리는 "바람은 어디에서 와서 어디로 가는지"를 알려줌으로써 아주 오래 전에 성경이 했던 말을 다시 들려준다. 그는 해류와 해풍의 절묘한 움직임을 연구함으로써 하나님의 완전한 설계와 무한한 능력을 우리에게 보여주었다.

멕시코 만류를 예로 들어보자. 바다 속의 강과 같다. 다만 이 강은 육지의 강과는 달리 아무리 가뭄에 마르지도 않고, 홍수가 났을 때 범람하지도 않는다. 해류는 난류이나 심층해류는 차갑다. 해류의 속도는 미시시피 강이나 아마존 강보다 빠르다.

어떤 미국작가는 "미시시피강물이 이 멕시코 만으로 흘러드는 것처럼 미국인의 특성과 영향력 또한 각 지역에 흘러들고 있으며, 바다의 신의 그 어떤 방해에도 불구하고 북대서양 해류를 타고 북극해까지 올라간 후에야 비로소 잠잠해지고, 차분해진다."고 말한다. [46)]

대홍수로 온 세상이 물로 덮였다는 증거가 어디 있느냐고 따지는 사람들에게 지구 표면의 70퍼센트가 물로 덮여 있지 않느냐고 말해보라. 그리고 그 물이 어디에서 온 것이냐고 물어보라. 대다수가 모른다고 답할 것이다. 그것에 대해 전혀 생각해본 적이 없기 때문이다. 혹시 홍수가 남긴 큰 웅덩이는 아닐까? 즉 지구에는 약 3억 6천만 갤런(약 13억 8,500km³)의 물이 고인 큰 웅덩이가 있는 셈이다. 그러나 그 가운데 약 3%만 담수이고, 전체의 3분의 2는 빙원과 빙산에 갇혀 있다.

> 얼음 형태로 존재하는 물은 제외하고, 지구 표면 아래에도 엄청난 양의 물이 존재한다. 만일 지구의 담수를 한 덩어리로 모은 다면 … 그양이 약 1,386백만m3가 될 것이다. [47]

매튜 모리는 성경은 인류에게 전하는 창조주의 매뉴얼이라고 믿었다는 것을 생각해보라. 그는 시편 8장 8절의 "바닷길"이라는 단어를 단지 인간이 펜으로 쓴 은유적 표현이 아니라고 확신했다. 우리가 성경의 글자 하나하나를 모두 믿을 수 있다는 것은 정말 놀라운 일이다. 성경은 우리 삶의 모든 행보에 있어서 우리가 해야 할 일과 해서는 안될 일들을 가르쳐준다.

천문학은 인간의 존재를 무시한다. 반면에 자연지리학은 "이 세상이 인간을 위해 지어졌다."는 성경적 교리를 토대로 하여 인간의 존재를 인정한다고 모리는 말했다. 다른 이론으로는 인간 존재와 자연현상을 연구하고, 둘의 관계를 조화롭게 납득시켜 설명할 수 없다.

나는 자연지리학 이론을 확립하면서 성경을 인용했다는 이유로 국내는 물론 잉글랜드 과학자들로부터 비난을 받아왔다. 성경은 과학적 목적을 위해 쓰여진 것이 아니기 때문에 과학문제에 대해서는 아무런 권위가 없다고 그들은 말했다. 과연 그럴까! 성경의 모든 말씀은 권위가 있다. 그렇다면 성경이 역사학을 위해 쓰인 것이 아니라는 이유로 역사학자들이 성경의 역사적 기록을 참조하는 것을 거부해야 하는가? 성경은 참이고, 과학도 참이다. 이렇듯 둘 다 참이라면 진지하게 읽을 경우 서로가 서로의 진리를 입증하는 것을 발견한다. 이 지구에 살고 있는 인류는 사람과 자연을 모두 지으시고, 성경을 만드신 하나님의 피조물을 사용하고 관리하는 청지기이다.[48]

다음은 1855년 모리가 쓴 편지인데 길지만 아주 훌륭한 글로서 성경에 대한 그의 사랑과 믿음을 잘 드러낸다.

성경과 과학 연구소, 워싱턴,
1855년 1월 22일

당신의 편지는 유쾌한 기억들을 떠올리게 합니다. 당신의 질문 역시 주요한 연구주제입니다. 아마 그 질문에 대해 일일이 답을 하자면 책 몇 권으로도 모자랄 것입니다.

당신은 "과학과 성경 조화"에 대해 물었습니다. 그리고 제가 정말 구약성경에서 바람과 해류에 관한 어떤 과학적 사실을 발견했는지, 또 그것들은 믿을만한 것인지 물었습니다. 물론입니다. 성경에 있는 과학적 사실들은 정확하고 신뢰할 만 합니다.

마치 플레이아데스 성단(星團)이 지닌 매력을 거부할 수 있습니까? 그러나 우리는 그 광대한 성단으로부터 얼마나 떨어져 있는지 알지 못합니다. 자전과 공전에 대해서도 알지 못합니다. 아주 오래전부터 사용해온 관찰기구나 최신 기구로도 관찰할 수 없습니다. 과연 "누가" 그 아름다운 별무리를 우주 공간에 걸어 놓았는지 알지 못합니다. 이 한 가지 질문에 대한 답을 하려해도 중력의 이론을 꿰고 있어야 합니다.

과학은 지구가 둥글다고 가르칩니다. "성령의 감동하심을 받은 사람들이 하나님께 받아 말한" 시편에서 이미 이 사실을 언급했음에도 불구하고 한 때 이 주장을 이단시 하던 때가 있지 않습니까. 또 "온 세상(the round world)"이여 찬양으로 주를 "기뻐하라. (bade it rejoice)"라는 가사의 찬송도 있습니다.

갈릴레오가 감옥에 갇혔을 때 펌프공이 그를 찾아와 자문을 구한 것을 아십니까? 그 펌프공은 32피트(약10m) 이상 물을 끌어올릴 수 없었습니다. 이 나이든 철학자 갈릴레오는 물을 더 높이 끌어올릴 수 있을 만큼의 기압이 높지 않기 때문이라고 생각했습니다. 그러나 그는 감옥에 갇혀 있는 상태에서 공기도 무게가 있다는 말을 하는 것이 겁이

났습니다. 갈릴레오도 성경 속에 있는 과학적 사실을 알고 있었을까요? 수천 년 전 우스 땅에 살던 "온전하고 정직한" 욥은 "바람의 무게를 정하시며"라고 말하면서 성령의 감동으로 이 이러한 과학적 사실을 선포했습니다. 욥은 학식이 풍부했고, 그의 말에는 과학적 지식이 넘쳐 납니다. 늙은 천문학자 갈릴레오를 핍박하던 사람들 역시 아주 학식이 있고, 이 놀라운 책, 즉 성경을 꿰뚫고 있었을 것입니다. 그렇다면 욥이 "하나님이 북쪽 하늘을 허공에 펼쳐 놓으시고, 이 땅덩이를 빈 곳에 매달아 놓으셨다."고 말한 것을 알지 않았겠습니까?

"빈 곳에 매달아 놓으셨다는" 표현에서 우리는 중력의 법칙에 대한 또 다른 증거를 발견할 수 있습니다. 존 허셜 경은 그의 강력한 망원경으로 하늘을 보고 별을 관측했습니다. 그가 발견한 하늘의 "빈곳(the empty places)"은 어디였을까요? 욥은 수아사람 빌닷에게 "북쪽 하늘을 허공에 펼쳐놓으셨다."고 분명하게 말했습니다. 북극 하늘엔 밝은 빛을 발하는 별들도 보이지 않고 "빈 곳"에 숨어버립니다.

저는 창세기에서부터 계시록에 이르기까지 성경에 기록된 창조의 역사에 대한 답변은 건너뛰겠습니다. 창조의 역사에 대해서는 너무도 많은 논쟁이 있어왔고, 당신도 알다시피 이미 명백하게 드러난 사실들이 많기 때문입니다. 한 예를 들자면 동물보다 식물이 먼저 창조되었다는 것과, 그 이유는 동물의 먹이를 위해서지요.

그러나 답변을 계속하기 전에 먼저 당신에게 양해를 구합니다. 저는 많은 시간과 연구가 필요한 일을 해오면서 한 가지 행동규칙을 정했습니다. 그것은 우리 앞에 펼쳐진 자연을 지으신 이가 하나님이라는 것, 그리고 그 지으신 것들을 붙잡고 계신분도 그분이라는 것을 절대 잊지 않는 것입니다. 창조와 질서, 이 두 가지 일은 서로 다릅니다. 그러나 서로 조화를 이룬다는 것을 발견하지 못한다면 모두가 우리의 잘못입니다. 왜냐하면 우리의 무지와 연약함으로 인해 두 가지 사실 가운데 어느 하나, 또는 두 가지 모두를 제대로 파악하지 못했기 때문입니다.

솔로몬은 현재 우리가 실지 관측을 통해 알도록 대기의 순환을 단 구절로 묘사합니다. "모든 강물이 바다로 흘러가도, 바다는 넘치지 않는다." 강물과 바다는 천지의 주인이신 하나님이 정하신 질서와 법칙에 순응하며 움직입니다. 오늘날의 과학자들이 여러 권의 책으로 겨우 설명할 수 있는 것을 솔로몬의 단 한마디에 담았습니다. "강물은 나온 곳으로 되돌아가, 거기에서 다시 흘러내린다."

과학이 날로 발전하고 진보하는 가운데 우리가 바람의 움직임을 관측하고 법칙을 연구하는 것은 유익하고 즐거운 일입니다. 별이 총총한 하늘을 관찰하는 천문학 역시 대기와 바다를 관측하는 것도 마찬가지입니다. 이 모두가 우리로 하여금 창조주를 생각하게 하는 소중하고, 고상하고, 유익한 일입니다. 우리가 편향된 관점에서 본다면 자연은 변덕스럽고, 질서나 법칙은 존재하지 안으며, 제멋대로 움직이며, 모두가 우연의 산물인 듯 보일 것입니다.

그러나 우리가 진리를 사랑하고, 지식을 강구하며, 숨겨진 비밀들을 열심히 찾아내고, 그것들이 어떤 법칙에 의해 움직이는지 묻는다면, 우리는 우주의 장엄한 찬양 속에서 답을 듣게 될 것입니다. "그 때에 새벽 별들이 기뻐 노래하며 하나님의 아들들이 다 기뻐 소리를 질렀느니라." 그리고 바람도 이 장엄한 합창에 동참합니다.

그리고 연구하면 할수록 우리는 바닥에서 대기에서 이 "우주의 음악(music of the spheres: 태양과 달 그리고 행성들과 같은 천체의 이동에 있어서의 조화를 음악의 한 형태로 여김, 이 '음악'은 일반적으로 들리는 것은 아님-위키백과 참조)"과 조화를 이루는 어떤 질서를 발견하게 될 것입니다.

친애하는
미 해군 중위 M. F. 머리 드림[49]

마음을 사로잡는 과학

나는 피터 셀러스가 주연을 맡았던 영화〈찬스 (*Being There*)〉를 본 적이 있다. 지적능력이 아주 떨어지는 주인공 찬스는 워싱턴 DC의 타운하우스에서 정원사 일을 하고 있다. 어느 날, 찬스는 일자리를 잃고, 집도 비워야 하는 상황에 처한다. 찬스는 거리를 방황하다가 재력이 막강한 유명인사를 만난다. 그는 찬스를 상류층 신사로 오인했다.

그리고 찬스를 고위 계층이 모이는 사교계로 인도했다.

　찬스는 늘 이렇게 말하곤 했다. "뿌리를 자르지 않은 이상, 정원의 모든 것은 괜찮을 겁니다." 찬스를 둘러싼 사람들은 그 말이 심오한 철학적 사고에서 나온 것이라고 오해했다. 그들은 그의 말에 지나칠 정도로 의미를 부여하려고 했지만 정작 그에 대해서는 알지 못했다. 그의 명성은 대통령에게까지 전해졌으나 대통령 역시 그의 말이 어디에서 비롯된 것인지 알아내지 못했다

　유명한 물리학자이며 무신론자인 스티븐 호킹도 마찬가지였다. 물론 그의 잘못은 아니었다. 그가 말을 했을 때, 이 잃어버려지고 눈먼 세상은 그의 말을 심오한 철학으로 여겼고, 그것이 마치 복음이라도 되듯이 사로잡혔다.

　너무도 놀란 나머지 눈이 휘둥그레지고 경이감에 사로잡힌 한 기자가 말했다. "빅뱅 이전을 말하는 스티븐 호킹이 우리를 완전히 사로잡았습니다."[50]

　사람들의 마음을 사로잡은 스티븐의 어록들을 소개한다.

　　"우주의 경계조건은 경계가 없는 것이다."

　심오한 말인 것 같다. 그런데 "우주의 경계가 없다."는 것이 무슨 뜻인가? 이에 대해 어느 기자는 영화 속의 정원사가 했음직한 말처럼 다음과 같은 말로 스티븐 호킹의 말을 해석했다.

"다시 말해서 시간은 항상 존재했기 때문에 시간의 시작이란 없다."[51]

이 말 역시 심오해 보인다. 시간은 항상 존재했기 때문에 시간의 시작, 즉 "태초"는 없다는 것이다. 그 외에도 "태양처럼 뜨거우면서도 차다." "뿌리는 깊다."등의 말이 있다.

또한 호킹은 물리학자 닐 디그래스 타이슨에게 빅뱅 이전의 시간은 "구부러진(bent)"상태로 존재했다고 말했다. "구부러진"시간이라는 것이 무슨 의미일까? 이에 대해 기자는 다음과 같이 해석했다.

> 시간이 다른 차원에 따라 뒤틀린(distorted)것이며, 그 시간은 거의 무에 아주 가깝긴 해도 실상은 무가 아니다. 따라서 무에서 유를 창조한 빅뱅은 없었다. [52]

즉 빅뱅은 무에서 유를 창조하지 않았다. 정말 그럴까? 그리고 호킹은 실제 우주의 기원에 대한 자신의 생각을 이렇게 밝혔다.

> 시작은 분명 있었을 것입니다. 그렇지 않았다면 우주는 지금까지 여전히 무질서의 상태일 겁니다.

호킹은 자신의 입장을 조금 양보해서 우리가 이해할만한 말을 했다. 열역학 제2법칙에 따르면 모든 것(물질우주)이 일 에너지는 점차

감소된다고 한다. 만일 우주가 영원하지 않다면, 아주 오래 전에 이미 먼지가 되고 말았을 것이다. 그러므로 시작은 틀림없이 있었을 것이다.

호킹 교수의 말을 몇 가지 일부 소개한다.

- "우리는 아주 평균적인 소행성에 살고 있는 원숭이가 진화한 존재일 뿐입니다. 그러나 우리는 우주를 이해할 수 있습니다. 바로 이 점이 우리를 매우 특별하게 만듭니다."

- "수 백 만 년 동안 일간은 마치 동물처럼 살았다. 그런데 우리의 상상력을 풀어놓는 그 어떤 일이 발생했습니다. 우리는 말하는 법과 듣는 법을 배웠습니다. 말은 생각을 전달하게 하며, 이를 통해 인간은 다른 사람들과 협력하여 불가능한 일을 해냅니다. 인류의 가장 큰 업적은 대화를 통해 이뤄졌고, 가장 큰 실패는 대화의 부재로 인해 생겨났습니다. 따라서 인간은 서로 소통이 필요합니다. 대화를 통해 우리의 가장 큰 소망이 미래에 현실로 나타날 수 있습니다. 우리 마음대로 사용할 수 있는 기술로 인해 가능성은 무한합니다. 우리가 필요로 하는 것은 대화를 멈추어서는 안 된다는 사실을 명심하는 것입니다.
- "제 목표는 단순합니다. 우주의 실체는 무엇인지, 도대체 그 존재 이유는 무엇인지를 완전히 이해하는 것입니다."

• "가장 간단한 설명은 신이 없다는 것임을 확신한다. 그 누구도 우주를 창조하지 않았으며 그 누구도 우리의 운명을 이끌지 않는다. 이러한 사실은 나로 하여금 천국도 내세도 없다는 것을 깊이 깨닫게 한다. 우리는 우주의 위대한 설계를 감상할 수 있는 삶을 살고 있고, 저는 이점에 대해 매우 감사합니다."

성경은 이렇게 말한다. "태초에 하나님이 천지를 창조하시니라" (창세기 1:1). 시작은 존재한다. 다시금 말하지만 성경은 인류를 위한 매뉴얼이다. 성경은 우리가 어디에서 왔는지, 무엇을 위해 살아야 하는지, 앞으로 어떻게 될지에 대해 말한다. 세상의 이목을 끄는 사람들의 말을 모두 이해하려 들 필요가 없다. 대신 우리는 모든 만물을 존재하게 하신 하나님의 말씀만 믿어야 합니다. 우리가 이 진리를 믿게 되면, 진리가 끝이 없고 무의미한 숱한 이론들로부터 우리를 자유롭게 할 것이다.

또 한 가지 덧붙이자면 세상의 이론가(저자는 영화 <찬스>의 주인공을 상기시켜 정원사라는 단어를 은유적으로 계속 사용하고 있으나 이해를 돕기 위해 의역을 함.-옮긴이)들에 의하면 빅뱅 이전에는 아무 것도 없다고 한다.

창조원인, 즉 창조주체는 없다. 호킹의 주장에 따르면 창조자가 있을 필요가 없다. 빅뱅 이전에는 아무 것도 없었지만 빅 뱅 이후 모든 것이 생겨났다고 한다. 꽃, 새, 나무, 고양이, 기린, 강아지, 말(모든 동물의 암수까)은 물론, 푸른 하늘, 태양, 달, 별, 사 계절, 초록빛 작은 사과, 그리고 사람까지도 말이다.

어느 기자는 이렇게 말한다. "스티븐 호킹의 위대함에 푹 빠져보십시오. 그는 빅뱅 이전에는 시간이 존재하지 않았다는 기본 입장을 고수하고 있습니다."[53)]

세상이 선지자처럼 여기는 그가 하는 말에 대해서 감히 의문을 제기하는 사람이 없다.

멍멍이 샘과 함께 전도하다.

남부 캘리포니아의 시원한 아침, 나는 여느 때처럼 자전거를 타고 복음을 전할 사람들을 찾아 나섰다. 그 때 저만치 공원 농구장 골대에서 슛을 하고 있는 한 사람이 눈에 띄었다. 내가 자전거를 탄 채 그에게 다가가자 그는 농구를 멈추고 자기 더플백을 놓아둔 곳으로 걸어갔다.

"안녕하십니까? 혼자 슈팅 연습을 하셨군요."

그가 그렇다고 대답했다.

"이 애 이름은 샘이에요. 개를 좋아하시나요?"

그는 개를 좋아한다며 다가와 샘의 머리를 쓰다듬었다.

"이름이 무엇입니까?"

"베리입니다."

"베리. 저는 레이입니다. 한 가지 물어봐도 될까요? 내세가 있다고 생각하십니까?"

그는 내세가 있었으면 좋겠다고 생각하나 확신은 없다고 말했다. 자신이 죽으면 천국에 갈 수 있을지, 자신은 착한 사람인지 스스로에게 물어본다고 말했다. 지금까지 살아오면서 거짓말을 얼마나 했느냐고 물었더니 그는 셀 수 없을 정도라고 답했다. 그는 물건을 훔친 적도 있고, 하나님의 이름을 망령되이 일컬은 적도 몇 번 있다면서 그 즉시 하나님께 미안하다고 말했다.

"예수님이 말씀하시길 …"라며 이야기를 시작하자 그가 끼어들며 말했다.

"저는 유대인인데요."

"저도 유대인입니다. '음욕을 품고 여자를 보는 자마다 마음에 이미 간음하였느니라'고 예수님은 말씀하셨지요. 들어본 적이 있으신가요?"

여러 번 들어봤다고 그는 답했다.

"베리, 난 당신을 판단하려는 것이 아닙니다. 그러나 당신이 거짓말도 하고, 훔치기도 하고, 불경한 마음도 품었다고 말했기 때문입니다. 만일 하나님이 시내산에게 모세에게 주신 율법인 십계명을 기준으로 당신을 심판하신다면 당신은 무죄입니까 아니면 유죄입니까?"

"유죄입니다."

"그렇다면 천국에 가게 될까요 아니면 지옥에?"

베리는 나를 빤히 쳐다보더니 말했다.

"유대인들은 지옥을 믿지 않아요. 당신이 유대인이라면 아실텐데요."

모든 열방이 음부로 돌아갈 것이라는 시편의 경고를 이야기했다. (시편 9:17 참조) 그리고 하나님의 진노에 대한 구약성경을 인용했다. (신명기 30:22; 시편 2:12; 18:7; 이사야 2:12; 14:15; 에스겔 13:5; 다니엘 12:2; 요엘 1:15 참조). 그리고 물었다.

"하나님은 히틀러를 어떻게 하실 거라고 생각합니까? 그는 천국에 갈 수 있을까요? 6백만 유대인의 생명이 하나님께는 아무 의미가 없을까요? 물론 최후의 심판은 틀림없이 있습니다. 만일 하나님이 정의롭고 거룩하시고 옳고 그른 일에 관심을 가지고 계시다면 '지옥'으로 불리는 곳에 당연히 있어야 합니다."

베리는 동의한다는 듯 고개를 끄덕이기 시작했다. 그런데 하나님께서 죄인들을 위해 아주 기가 막힌 일을 행하셨고, 그로인해 우리는 지옥에 가지 않아도 된다고 나는 말했다. 그분은 어린양을 내어주셨다. 세례요한이 예수님을 보았을 때 이렇게 말했다. "보라 세상 죄를 지고 가는 하나님의 어린 양이로다"(요한복음 1:29).

"유월절에 대해 말씀 하시는 건가요?"

"맞습니다. 하나님이 아브라함과 이삭에게 어린 양을 주신 것처럼 이 세상의 죄인들을 위해 고통받고 죽어야 할 완전하고 죄 없는 어린

양을 주셨습니다.”

그리고 나는 복음에 대해, 또 하나님이 어떻게 사망을 폐하셨는지 보다 구체적으로 설명했다. 그리고 그도 회개하고 구세주를 믿어야 한다고 말했다. 그리고 나는 내 말을 들어준 것에 대해 감사하고, 무료 영화 관람권과 십계명 동전을 주었다. 기쁘게도 그는 두 가지를 다 받았다. 서로 악수를 나누며 나는 그에게 내 말을 들어준 것에 대해 다시금 감사했다.

뜻하지 않은 전도

자전거를 타고 가로수 길을 내려올 때 키 큰 여성 하나가 저만치 앞서 걸어가고 있는 것이 보였다. 그러한 상황에서 여성에게 접근하는 것이 혹시라도 오해를 불러일으킬 수 있기 때문에 나는 선뜻 나설 수 없었다. 그러나 그 녀 옆에 자전거를 멈춘 뒤 십계명 동전을 건넸다. 그리고 그녀에게 하나님이 존재한다고 생각하는지 물었다. 그 순간 나는 문신과 목소리를 통해 그는 “여자”가 아니라 남자라는 사실을 알아차렸다. 그의 이름은 썸머였다. 그는 하나님에 대한 그 어떤 이야기도 하고 싶지 않다고 했다. 그러나 나는 몇 분만 시간을 내달라고 졸랐다. 감사하게도 그는 내 부탁을 들어주었다.

나는 먼저 그에게 선한 사람인지 물었다. 그랬더니 그는 그렇다고 답했다. 그리고 나는 동성애 문제에 대해서는 건드리지 않고, 십계명에 관한 이야기를 시작했다. 그리고 십자가에 대해 이야기로 넘어간 후 회개와 믿음의 필요성에 대해 이야기 했다. 그는 자신의 삶을 사랑하지 않으며, 영원히 살고 싶지 않다고 말했다.

혹시 자살에 대해 생각해본 적이 있느냐고 물었더니 그렇다고 대답했다. 그리고 아버지 때문에 늘 우울증에 시달리고 있다고 말했다. 그리고 그는 내가 믿는 하나님은 믿지 않는다고 말했다. 그것은 일종의 "우상"이라고 말하면서, 나는 내가 그리스도인이 되기 전에 죄책감에 빠져 있었다고 말했다.

나는 늘 끌어안던 곰 인형처럼 내 마음을 편하게 해주는 나만의 신을 만들었다. 왜냐하면 내 우상은 정의니 공의니 진리니 하는 말을 일체 하지 않기 때문이다. 그러자 그는 충분히 들었으니 이제 가야겠다고 말했다. 그러나 내가 그와 함께 걸어도 되느냐고 묻자 그는 수락했다.

썸머는 용접 기사였다. 그는 십여 년간 용접 일을 해왔으며, 자신의 일을 좋아했다. 10분 동안 더 이야기를 나누었다. 그리고 나는 우리가 주고받은 대화에 대해 진지하게 생각해보라고 부탁했다. 내 온 마음과 영을 그에게 쏟아 부었다. 그리고 나는 간음을 하는 사람들이나, 여성 노릇을 하는 사람들이나, 동성애를 하는 사람들은 하나님 나라를 상속받지 못하리라는(새번역 성경 참조-옮긴이) 고린도전서 6장 9,10절을 인용했다. 내가 얼마나 진지하게 말하는지 내 어조를 통해 느낄 수 있느냐고 묻자 그는 느껴진다고 대답했다. 내가 얼마나 진심으로 그와 그가 영원히 지내게 될 그곳에 대해 염려하는지 말했다. 지하철 선불카드와 무료 영화 관람권을 건네주면서 내가 한 말에 대해 진지하게 생각해보겠다는 다짐을 받았다. 내가 원하는 것은 그것뿐이었다. 나는 집에 돌아온 후에도 잃어버린 그 영혼을 위해 시간을 내서 기도했다.

1. 매튜 모리가 바닷길을 찾아 나서도록 감동을 준 성경구절은 무엇입니까?
2. 해양과학에 대해 설명해보십시오.
3. 매튜 모리의 행동 규칙은 무엇입니까?
4. 바닷물의 양을 수량으로 표시하면 얼마나 될까요?
5. '아이스 캡'과 빙하에는 얼마나 많은 물이 포함되어 있습니까?
6. 열역학 제2법칙에 대해 설명해보십시오.
7. 유대인에게 예수님에 대하여 말하는 것이 거북하십니까? 만일 그렇다면 그 이유는 무엇입니까?

제6장

물의 순환

우리가 원하든 원치 안하든 우리는 매일 날씨의 영향을 받는다. 세계 거의 모든 사람들이 날씨에 대해 이야기하면서 인사를 주고받는다.

"좋은 아침입니다! 좋은 오후입니다! 좋은 날씨입니다! 산책하기에 좋은 날씨입니다."

이렇게 날씨에 대해 인사말을 건네면서 낯선 사람과의 서먹한 관계를 녹인다.

그러나 날씨란 단지 하늘이 파랗다거나 날씨가 화창하다는 것 그 이상이다. 날씨의 사전적 의미는

> 특정시간대의 기온, 구름. 안개, 기압, 습기, 강수량 등과 같은 환경 상태를 나타내는 말이다. 예컨대 오늘 날씨는 화창하고 하늘도 맑을 것이나 내일은 구름이 끼고 비가 올 것이다. [54]

날씨가 맑다는 것은 지구에서 약1천6백만km 떨어진 별이 폭발할 때의 빛과 같은 햇빛이 비추는 것이고, 비가 내린다는 것은 우리 머리 위 높은 곳으로부터 수 조 톤에 해당되는 물을 퍼붓는 것을 의미한다. 그리고 눈에 보이지 않는 바람은 지구를 둘러싼 공기가 소용돌이치는

것이다.

이 모든 현상이 질서하게 보일 때가 종종 있지만 사실은 매우 질서
정연하다. 대다수의 사람들이 자기 몸 속 장기 기능에 대한 생각을 별
로 안하듯 물의 순환에 대해서도 무관심하다.

인간에겐 생존을 위한 다섯 개의 필수 장기, 즉 뇌, 심장, 신장, 간,
폐가 있다. 그 가운데 뇌는 우리 몸의 콘트럴타워이다. 뇌는 신경계와
호르몬분비를 통해 다른 기관과 신호를 주고받는다. 우리는 또한 물
과 공기가의 기능을 제어하는 순환과정에 대해서도 거의 생각을 하지
않는다. 우리가 일반적으로 "날씨"라고 부르는 것은 하나님의 오묘한
솜씨로 창조된 "물의 순환"이라는 경이로운 현상이다.

물론 현대인들은 날씨가 어떻게 작용하는지 알고 있다고 생각한
다. 약 2,800년전, 육지가 물 위에 떠 있고, 강물의 근원이 땅 밑에 있
다고 믿었던 때에, 성경은 이미 물의 순환에 대해 이야기 했다.

반면에 현재 우리는 다음과 같이 알고 있다.

> 물의 순환은 지구 표면의 물이(대부분 대양의 물)이 증발하여 대기 중에
> 머물다가 다시 지표로 돌아오는 과정을 반복하는 것이다. 환경과학
> 자들은 기체 형태의 물이 고체나 액체로 떨어져 지구 곳곳의 지표수나
> 지하수로 되돌아간다는 사실을 알고 있다. 물과 관련하여 지구는 폐
> 쇄된 구조이기 때문에 지구의 물이 더해지거나 제거되지 않는다. 단지
> 변형되고, 이동하고, 순환할 뿐이다. [55]

다음은 하천에서 볼 수 있는 물 순환 과정이다. :

초당 물의 방출량에 의해 강의 크기를 측정하는 방법이 있다. 미시시
피 강은 초당 16,792입방m를 멕시코 만으로 흘러보냄으로써 세계에
서 15번째로 큰 강으로 추정된다. 세계에서 가장 큰 아마존 강의 경
우 초당 209,000m3의 거대한 양을 방출한다. 아마존 강은 열대우림
에서, 미시시피 강은 애팔래치아산맥과 록키산맥 사이의 건조지역에
서 상당량이 수증기로 변하여 대기 속으로 들어간다.[56]

이 모든 물은 어디로 가는 것일까? 이 두 강은 무수한 강의 일부일
뿐이다. 그 답은 물의 순환에 있다는 것을 17세기 전까지는 충분히 알
려지지 않았다. 그러나 우리는 성경에서 이 사실을 확인할 수 있다.
강은 바다로 흘러들어간다. 해수는 증발하여 대기 속으로 들어가
고, 형성된 구름은 땅에 물을 퍼붓는다. 성경은 다음과 같이 말한다.

바닷물을 불러 올려서 땅 위에 쏟으신다. (아모스 9:6)

모든 강물이 바다로 흘러가도, 바다는 넘치지 않는다. 강물은 나온
곳으로 되돌아가, 거기에서 다시 흘러내린다. (전도서 1:7)
구름에 비가 가득하면 땅에 쏟아지며 … (전도서 11:3)

오피스 파티

10층 건물에서 오피스 파티(성탄절 전야에 직장에서 열리는 파티-옮긴이)를 즐기고 있을 때, 저만치에서 사이렌 소리가 들렸다고 가정해보자. 무슨 일인가 하고 사람들이 모두 창가로 달려간다. 그들은 좁은 골목을 사이에 두고 약 2.5m 거리에 있는 맞은편 건물을 본다. 창문에서는 연기가 뿜어져 나오고, 많은 사람들이 그 안에 갇혀 있는 것이 보인다. 실제 상황을 파악한 사람들은 이내 숨도 제대로 못 쉬는 상태가 된다. 그들은 곧 갇힌 사람들이 산 채로 불타는 광경을 보게 될 것이다.

그 때 공포에 사로잡힌 직장 동료 한 사람이 갑자기 사무실을 뛰쳐나간다. 사람들은 그가 너무 겁이 나서 도망을 친다고 생각할 것이다. 잠시 후 그는 미친 사람처럼 문을 박차고 들어온다. 그리고는 들고 온 3m 길이의 사다리로 건너 편 건물 유리창을 깬다. 그제야 사람들은 사다리가 안전하게 건너편 건물에 고정될 수 있도록 그를 돕는다.

이제 사람들은 그의 지혜를 알게 된다. 화재 건물에 갇힌 사람들이 한 명씩 사다리를 기어 안전지대로 이동하는 보는 순간 사람들은 그의 지혜를 알게 된다.

왜 사람들은 사다리를 타고 안전지대로 향했을까? 그것은 두려움 때문이었고, 앎 때문이었다. 즉 그들이 그 건물에 그대로 머물러 있을 경우 어떤 일이 벌어질지 알았기 때문이다. 만일 자신들이 있는 건물에 불이 난 것을 몰랐다면 그 사다리가 과연 그들에게 의미가 있었을지 생각해보라. 만일 그들이 안전하다고 생각했다면 누군가 건너 빌딩에서 사다리를 가로질러 걸쳐 놓는 것이 무의미하기 짝이 없었을 것이다. 아마 일종의 무단 침입으로 경찰에 신고할만하다.

우리는 성경에서 일부 과학적 사실을 볼 수 있다. 이러한 사실은 성경의 기원이 초자연적임을 입증한다. 그 두꺼운 성경 속에 드러나 과학적 사실이 한두 가지 정도라면 우연의 일치로 간주할 수 있다. 그러나 열 가지 정도의 과학적 팩트가 담겨 있다면, 이성적인 사람들은 성경은 독특한 책이며, 관심을 가질 필요가 있다는 결론을 내릴 것이다. 이렇듯 세상 사람들이 성경에 관심을 갖는 것이 바로 우리가 바라는 전부이다.

실제로 우리는 말한다. "제발 제 말 좀 들어보세요! 당신이 있는 건물에 불이 났어요!"

그러나 과학적 사실들은 단순히 관심만 끌뿐 이 세상이 위험에 처해 있다는 것을 보여주지 않는다. 그래서 아득하게 들리는 경보음 정도이다. 그들에게 진짜 필요한 것은 연기냄새를 통해 그들이 직면한 운명을 생각하는 것이다. 죄로 가득한 이 세상에 살고 있는 것은 불이 난 건물 속에 있는 것과 같다. 죄는 위험하다기 보다는 즐거운 파티처럼 여겨진다. 복음이 그들에게는 어리석어 보인다. 그리고 우리가 외치는 소리는 그들에겐 일종의 사생활 침해일 뿐이다. 우리가 하나님이 거저 주신 선물인 영원한 생명에 대해 이야기하면 그들은 우리가 억지로 종교를 강요한다고 비난한다.

그들이 들을 수 있는 최고의 좋은 소식을 거부한다는 것이 믿을 수 없다. 그러나 무슨 일이 일어나고 있는지를 스스로 알기 전에는 거부할 수밖에 없다. 그들은 자신의 죄를 사랑한다. 더 나아가 하나님은 그들의 죄에 개의치 않는다고 여긴다.

그들에게 죄는 큰 일이 아닌 것이다. 거짓말, 도둑질, 정욕, 신성모독, 우상숭배, 심지어 간음을 행하더라도 하늘에서 벼락이 치지 않는다. 물론 죄책감이 들기는 하겠으나 하나님의 진노도 없고, 그 어떤 위험도 없다고 생각한다. 양심의 소리 또한 쉽게 잠잠해진다. 전도서 8장 11절은 말한다.

> 사람들은 왜 서슴지 않고 죄를 짓는가? 악한 일을 하는데도 바로 벌이 내리지 않기 때문이다. (새 번역)

하나님의 자비가 그분의 진노를 저지하고 있다. 하나님은 그 누구도 멸망하기를 원치 않으신다. 그래서 그들이 회개할 때까지 인내하시며 기다리신다. :

> 사랑하는 여러분, 이 한 가지만은 잊지 마십시오. 주님께는 하루가 천 년 같고, 천 년이 하루 같습니다 어떤 이들이 생각하는 것과 같이, 주님께서는 약속을 더디 지키시는 것이 아닙니다. 도리어 여러분을 위하여 오래 참으시는 것입니다. 하나님께서는 아무도 멸망하지 않고,

모두 회개하는 데에 이르기를 바라십니다. 그러나 주님의 날은 도둑
같이 올 것입니다. 그 날에 하늘은 요란한 소리를 내면서 사라지고,
원소들은 불에 녹아버리고, 땅과 그 안에 있는 모든 일은 드러날 것입
니다. (베드로후서 3:8-10)

이 세상은 끔직한 위험에 처해있다. 우리는 그들에게 경고를 해야
한다. 하나님은 우리에게 도덕법을 주셔서 그들이 연기냄새를 맡고 위
험에 처했다는 것을 자각할 수 있도록 돕게 하셨다. 우리가 십계명과
복음을 전할 때, 성령이 죄인들의 양심을 일깨우시면 그들은 비로소
하나님의 진노의 연기냄새를 맡을 수 있다. 그리고 그들은 돌연 우리
가 그들을 사랑한다는 것과, 앞서 소개한 예화에서 불이 난 건물에서
사다리만이 유일한 구조방법이었듯이 그리스도의 복음 또한 유일한
구원의 길임을 알게 될 것이다.

떵떵이 샘과 함께 전도하다.

주일 오전 7시경, 약 50m 전방에 있는 길가 벤치에 한 남자가 앉아
있는 것을 보았다. 나는 가던 길을 멈추고 그에게 복음을 전하지 않아
도 될 만한 몇 가지 이유를 생각해보았다. 첫째, 누군가에게 말을 걸
고 하나님에 대해 이야기하기에는 너무 이른 시간이다. 둘째, 그는 일
주일 전에도 그곳에 앉아 있었으며, 전도용 코인을 주더라도 쌀쌀맞게

거절할 것이다. 그래서 나는 자전거를 타고 지나가면서 좋은 아침이라고 인사했다. 그런데 그의 반응은 의외로 아주 다정했다. 내 생각과는 달리 **같은 사람이 아니었다.**

나는 자전거를 멈추고 뒤돌아가서 그에게 코인을 건네며 "전에 제가 이것을 드린 적이 있나요? 이 동전은 한 쪽에는 십계명이 다른 한 쪽에는 복음이 찍혀 있답니다."라고 말했다.

그가 고맙다고 말하자 나는 혹시 그리스도인이냐고 물었다. 그는 가톨릭 신자라고 말했다. 내가 거듭났냐고 물었더니, 그는 웃으며 답했다. "저는 한 번밖에 안 태어났습니다."

나는 요한복음 3장의 예수님의 말씀을 인용하면서 우리가 거듭나지 않으면 천국에 갈 수 없다고 말했다. "이것은 마치 낙하산이 생명을 지켜줄 것이라고 믿으면서도 실제로는 낙하산을 착용하지 않은 것과 같은 차입니다. 비행기에서 뛰어내리고 난 뒤에야 자신의 실수를 알게 되지요."

"좋은 비유로군요."그가 웃으며 말했다. 그의 이름은 조였다. 나는 조에게 자신이 선한 사람이라고 생각하는지 물었더니 그는 그렇다고 대답했다. 십계명에 대한 이야기를 하고난 뒤 그는 자신의 선을 과대평가한 것 같다고 말했다. 심판의 날에는 율법의 법정에서 우리 자신의 의는 아무런 의미가 없다고 나는 설명했다.

"만일 범죄자가 '판사님, 제가 은행을 털었지만 그 돈을 적십자단체에 기부했습니다.'라고 말한다면 판사는 그의 선행은 그의 범죄와 아무런 관계가 없다고 말할 것입니다. 그는 오로지 자기가 저지른 죄에 대해서만 판결을 받습니다."

그리고 나는 십자가에 대해 설명한 뒤 자신의 선함이나 선행이 아니라 그리스도를 믿는 믿음을 다시 한 번 강조했다.

"비행기에서 떨어질 때엔 양 팔을 퍼덕이며 스스로 자신을 구하려고 애쓰지 마십시오. 낙하산만이 당신을 구할 수 있다는 것을 믿으십시오. 하나님의 기준에서 당신의 선행은 아무 것도 아니니 그 선행을 의지하지 마시고 오직 그리스도만 믿으십시오."

나는 조에게 선불카드를 주면서 내 말을 들어줘서 감사하다고 말했다. 조는 내가 멈춰서 말을 걸어준 것을 고마워하는 듯 했다. 나 역시 조에게 다시 한번 감사했다.

돌아보기 ─────────────

1. "날씨"의 의미에 대해 말해보십시오.
2. 2,800년 전의 사람들은 육지와 물에 대하여 어떻게 생각했습니까?
3. 물의 순환에 대해 설명해보십시오.
4. 물의 순환에 대해 말하는 성경구절을 말해보십시오.
5. 성경에 있는 과학적 사실은 우리가 전도할 때 어떤 역할을 할 수

있습니까?

6. "선행"으로는 결코 구원을 받을 수 없다는 사실을 설명하기 위해 당신은 어떤 비유를 사용하실 겁니까?

7. 이 세상이 위험에 처해 있다는 사실을 일깨우기 위해 하나님은 우리에게 무엇을 주셨습니까?

제7장
열역학 제1법칙

    새무얼 버틀러는 말했다. "인생은 점점 쇠약해지는 긴 과정이다." 대다수의 부모들은 에너지가 갈수록 소진되는데 아이들은 지칠 줄을 모른다. 대다수의 부모들에겐 소진되어가는 에너지가 그들에겐 충만하다, 우리가 젊음의 생명력을 보존하려고 애를 쓰지만 시간은 우리에게서 젊음을 빼앗아 간다. 나이가 들어감에 따라 우리의 에너지는 사라지고 급기야 그 에너지가 동이 나면 죽게 된다. 열역학 제1법칙은 ('에너지 보존 법칙' 또는 '질량 보존의 법칙'으로 불림) 물질이나 에너지는 창조되거나 파괴될 수 없다고 말한다. 이 법칙을 이해하기 위한 한 방법은 지금은 "창조"가 진행되고 있지 않다는 것을 깨닫는 것이다. 즉 창조는 이미 "다 이루었다"고 성경은 말한다.

    하나님은 하늘과 땅과 그 가운데 있는 모든 것을 다 이루셨다. (완성되었다,-현대인의성경-"were finished"-NIV- 창세기 2:1)

천지만물이 다 만들어지자 하나님은 창조를 마치셨다. 밝은 빛을 내는 태양도 완성되었다. 태양이 더 커지거나, 더 작아지거나, 더 뜨거워지거나, 더 차가워질 필요가 없다. 또 지구와 더 가까워지거나 더 멀어질 필요도 없다. 태양은 우리를 위해 완벽하게 만들어졌고, 완벽한 위치에 배치되었다. 하늘도 마찬가지이다. 구름도 원래의 창조주가 만든 그대로 활동한다. 즉 비를 내려, 공기를 정화시키고 땅에 생명을 준다. 우리가 숨 쉴 산소를 주는 키 큰 나무들도 이미 완성된 상태이다. 지표면을 구불구불 흐르다가 거대한 바다에 이르고 완벽한 물의 순환에 동참하는 강이 이미 창조된 것이다. 아가미와 비늘과 꼬리를 지닌 물고기가 살고 있는 물, 씨앗이 싹터서 우리게 먹을 것을 제공하는 식물이 자라는 지표의 흙 등 이 모두가 이미 창조된 것들이다. 이 모두가 이미 지어진 것이다. 복숭아, 배, 파인애플, 자두, 파파야, 호박, 콩도 마찬가지이다. 창조가 진행 중인 것은 하나도 없다. 잠시 당신의 손을 살펴보라. 일종의 기형이 있거나 사고를 당한 경우를 제외하고는 기능적으로 완벽하다. 물건을 집을 때엔 손가락이 절로 굽혀진다. 손이 앞으로 움직일 수 있도록 피부 아래의 복잡한 근육들이 서로 협력한다. 손톱은 끝이 완만한 곡선을 이루고 있고, 손가락 피부는 예민하면서도 강하다. 손을 잃을 수도 있고, 전문가들은 손을 본 딴 보철물을 만들기도 한다. 그러나 그들은 하나님이 이미 만드신 손 보다 더 나은 손을 만들 수는 없다. 엄지손가락 한 개와 나머지 네 개 손가락은 물건을 잡기에 완벽하다. 만일 당신이 인간의 손을 대신할 인공 대체물을 설계하고 있다면 어떤 점을 개선하고 싶은가? 즉 하나님의 설계를 어떻게 바꾸고 싶은가?

손가락을 세 개만 만들까? 엄지를 두 개 만들까? 손가락이 손 등 쪽으로 구부러지게 만들까? 아니면 우리 몸에 손이 세 개이면 좋겠는가? 우리는 하나님이 이미 다 이루었다고 말씀하신 창조물의 놀라운 설계를 개선할 수 없다. 눈과 귀와 다리와 뇌는 물론 자연 속의 그 어떤 것도 하나님이 지으시다 만 것은 없다. 동물에서 사람에 이르기까지, 또 새와 나비의 날개, 만발한 장미의 아름다움과 향기에 이르기까지 하나님의 영광을 드러내고 우리가 기쁨을 누리도록 창조는 다 이루어졌다.

3,000년 전 성경이 말했던 것처럼 모든 창조가 다 이루어졌고, 현재 창조가 진행 중인 것인 아무 것도 없다. 이미 하나님이 완성하신 우리 뇌와 인체의 기능에 대해서도 좀 더 생각해보라. 인간이 타락하긴 했지만 하나님의 창조솜씨는 놀랍다. 한 예로 두피에서 머리카락이 자라는 것을 생각해보라. 탈모가 오기 전까지는 우리 머리칼과 두피의 관계가 얼마나 경이로운지에 대해 깊이 생각하지 않는다. 머리칼이 어떻게 다른 방향으로 자라는지에 대해 생각해보라.

무엇이 머리카락을 자라나게 하는지, 눈썹, 속눈썹, 수염과는 어떻게 다른지 생각해보라. 눈썹은 특정시점에 이르면 자라는 것이 멈추지만 머리카락이나 수염은 계속 자란다. 그럼에도 불구하고 머리카락은 하나님이 이미 지으신 것이다. 이같은 머리카락은 기능적인 면과 미적인 면을 모두 지니고 있다. 치아도 마찬가지이다. 치아는 위 아래로 나란히 한 쌍을 이룬다. 각 치아는 특정 기능에 맞게 턱뼈에서 자라나 도록 설계되었다. 예컨대 칼날 모양을 한 앞니는 자르는 역할에 적합 하게 만들어졌다. 즉 앞쪽 치아는 절단을, 뒤쪽 치아는 분쇄하는 일 을 하도록 이미 완성되었다. 또한 앞니는 계속 자라지 않는다.

피부도 마찬가지이다. 피부는 우리 체내의 온갖 것들을 보호한다. 피부는 계속 자라지 않는다. 물론 과식을 하면 늘어나긴 한다. 여하 튼 피부는 자신의 역할을 수행하는데 모자람이 없이 지어졌다. 눈은 또 어떠한가. 눈 역시 제 기능을 하기에 완벽하게 지어졌다. (그리스 신화 에 등장하는) 외눈박이 거인 키클롭스처럼 우리 양 눈 사이에 눈을 하나 더 달 필요가 있을까? 그렇지 않다. 하나님은 이미 완벽하게 우리 눈 을 지으셨기 때문이다.

우리의 귀, 팔, 심장, 간, 폐, 그리고 은밀한 부분들 모두 마찬가지이 다. 저마다 제 기능을 수행하기에 완벽하게 지어졌다. 성경말씀처럼 하나님은 이 모든 창조를 다 마치셨기 때문이다.

지구와 우주의 나이

많은 사람들이 고심하는 문제 가운데 하나가 우주의 나이이다. Space.com에 따르면,

나이는 단지 숫자일지 모르지만 우주의 나이에 있어서는 매우 중요한 의미를 지닌다. 연구에 따르면 우주의 나이는 약 138억년이다. 과학자들은 우주의 생일케이크 위에 올려놓을 초의 개수를 어떻게 정했을까? 그들은 우주에서 가장 나이가 많은 별들을 연구하는 것과 우주의 팽창속도를 측정하는 두 가지 방법을 사용하여 우주의 나이를 정했다. 우주의 나이는 이들 별들이 포함하고 있는 물체의 나이보다 젊을 수는 없다. 따라서 과학자들은 가장 오래된 별들의 나이를 한계치로 정함으로써 우주의 나이를 정할 수 있다. 별의 수명은 그 질량에 달려 있다. 질량이 큰 별이 작은 별보다 더 빨리 타버린다.

태양의 질량의 반 정도인 별은 200억년 이상 타오르는[반짝이는] 반면 질량이 태양보다 10배 큰 별은 2천만년 동안 에너지 공급을 받으며 타오른다. 질량은 또한 별의 밝기 또는 광도에 영향을 미친다. 질량이 클수록 별은 더욱 밝다.[57]

그러나 난제가 존재한다. 예컨대 과학자들이 우주의 나이를 추정하는 방식을 새로 창조된 아담에게 적용시킨다면 난국에 봉착하게 될 것이다. 왜냐하면 아담은 태어나자마자 약 30세 정도일 것이라는 추정하기 때문이다. 그들이 측정한 우주 나이와 성경의 6일 창조설 사이 큰 간극이 존재할 수밖에 없다. (*이에 대해 우주의 나이가 140억년이라는 주장과 6000년이라는 주장이 맞서고 있지만 현재는 성경과 과학을 분리시키지 않고 보완하는 여러 이론들이 등장하고 있음.-옮긴이)

아직 끝나지 않은 일

하나님의 창조는 이미 완성되었지만 하나님은 우리에게 새로운 것을 만들 수 있는 능력을 주셨다. 우리는 케이크와 자동차와 옷과 캐서롤은 물론 새로운 고양이도 만들 수 있다. 즉 우리가 종종 새로운 단어를 만들어 내듯이 서로 다른 종을 교배하여 새로운 종을 만들 수 있다.

예를 들어 "컴포플루어스(compofluous)"라는 단어를 들어본 적이 있는가? 많은 사람들이 이 단어를 낯설어 할 것이라고 나는 확신한다. 이 단어는 "말도 안 되는 것처럼 여겨지나 현실로 나타난 것."을 의미한다. 우리는 수 백 톤의 거대한 비행기가 하늘을 가로질러 나르는 것을 당연하게 여긴다. 200년 전만 해도 이것은 말도 안되는 생각이었다. 그러나 그것이 현실화된 것이다. 또 전선을 사용하지 않고서도 빛의 속도로 지구 저 편에 있는 사람들을 볼 수 있고 이야기도 할 수 있다는 것이 백 년 전에는 터무니없는 것으로 여겨졌을 것이다. 그러나 스카이프(Skype:인터넷 전화)와 페이스타임(FaceTime:무료영상통화) 모두가 실제로 이용되고 있다. 소위 "모던 테크놀로지"의 대부분이 컴포플루어스인 것이다.

여담으로, 나는 이메일 끄트머리에 늘 "Thanks"라고 쓰는데 실수로 "Thnaks"로 계속 쓰는 바람에 급기야 이 단어가 신조어처럼 되고 말왔다. 이 일을 계기로 나는 오타문제를 해결할 수 있었다. 그리고 문득 새로운 단어는 누가 만들까 하는 생각이 들었다. 과연 "Thnaks"라는 단어를 감사하다는 단어의 대체어로 진지하게 생각할 수 있을까?

몇 가지 조사를 해본 결과 사전출판업자들은 수백만 개의 기존 영어단어에 어떤 단어를 추가할지 결정하고, 매해 수천 개의 새로운 단어가 추가한다는 사실을 알아냈다.

〈가디언〉지의 기사를 일부 인용한다.

> 그러나 이것들은 빙산의 일각만 드러낼 뿐이다. 글로벌 랭기지 모니터(Global Language Monitor:미국 언어조사기관)에 따르면 매년 5,400개의 새로운 단어가 만들어지고 있다고 한다. 그 가운데 1,000개 정도만 널리 통용되는 것을 간주되어 활자화된다. Andy Bodle, "How new words are born,"[58]

따라서 새로운 단어의 존재여부를 결정하는 것은 사전 편집자라기보다 그 단어의 대중성이다. 나의 또 다른 호기심은 아담은 맨 처음 무슨 말을 했을까? "여보세요"? "어이"? "이봐요"? 과연 어떤 말을 했을지 궁금하다. 아니면 아담도 갓 태어났으니 인지력에 있어서 어린아이 같았을까? 혹시 옹알이부터 시작한 것은 아닐까? 아니면 별 의미 없는 한 음절의 감탄사였을까?

아마 하나님께서는 아담에게 생각하고, 말하고, 대화할 수 있는 직관적인 능력을 주셨을 것이라고 나는 생각한다. 아마 아담은 몸과 마음과 영혼과 더불어 다른 모든 것들도 성숙한 상태였을 것이다. 이것은 곧 아담이 완전하고 지적인 언어구사능력이 있었다는 것을 의미이기도 하다.

아담이 맨 처음 했던 말을 성경에서 다음과 같이 인지할 수 있다.

> 그래서 주 하나님이 그 남자를 깊이 잠들게 하셨다. 그가 잠든 사이에, 주 하나님이 그 남자의 갈빗대 하나를 뽑고, 그 자리는 살로 메우셨다. 주 하나님이 남자에게서 뽑아 낸 갈빗대로 여자를 만드시고, 여자를 남자에게로 데리고 오셨다. 때에 그 남자가 말하였다. "이제야 나타났구나, 이 사람! 뼈도 나의 뼈, 살도 나의 살, 남자에게서 나왔으니 여자라고 부를 것이다."(창세기 2:21-23)

아담에겐 분별력과 이해력과 지적능력과 추론 능력이 있었고, 그것을 활용할 수 있었다. 아담은 "여자(Woman)이라는 새 단어를 만들었다. 그 전까지 아담은 에덴동산의 온갖 동물들의 이름을 지었다. 예컨대 큰 귀, 긴 코, 긴 목, 큰 꼬리, 줄무늬, 얼룩무늬 등 신체적 특징과 그들이 내는 소리, 또 기고, 뛰어오르고, 걷고, 날고, 달리는 그들이 움직임을 참고하여 자신만의 동물사전을 만들었을 것이다. 하나님은 그것들을 아담에게 데려와 각자의 이름을 짓게 하셨다.

> 여호와 하나님이 흙으로 각종 들짐승과 공중의 각종 새를 지으시고

아담이 무엇이라고 부르나 보시려고 그것들을 그에게로 이끌어 가시니 아담이 각 생물을 부르는 것이 곧 그 이름이 되었더라. 아담이 모든 가축과 공중의 새와 들의 모든 짐승에게 이름을 주니라 아담이 돕는 배필이 없으므로 (창세기 2:19,20)

필요는 발명의 어머니이다. 그리고 아담이 아주 많은 동물에게 둘러싸였다는 사실은 그에게 도움이 필요하다는 것을 의미했다.

사람이 혼자 사는 것이 좋지 않았다. (창세기 2:18) 즉 아담에게는 친구 겸 짝이 필요했다. 그러나 이 새로운 창조물은 흙으로 만들어지지 않았다. 그 피조물은 일반 동물과는 달리 말끔했다. 아담처럼 하나님의 형상으로 만들어진 특별한 창조물인 여자가 코앞에 나타난 것이다. 하나님이 직접 이 선물을 아담에게 주셨다. 하나님이 선물하신 여자는 거대한 코끼리나, 목이 긴 기린, 또는 아름다운 새 같은 일반 동물들과는 달랐다. 아담처럼 두 다리로 똑바로 걸었다. 아담과 같은 몸으로 만들어졌으나 모양과 생김새가 달랐다. 아주 매력적이고 독특했다. 우리가 눈으로 본적도 없고, 귀로 들은 적도 없으니 에덴동산에서의 그녀의 모습을 상상할 수 없다. 왜냐하면 우리의 상상력은 타락한 이 세상의 지식을 기반으로 하기 때문이다. 에덴은 틀림없이 세상과는 달랐을 것이다.

지나치기 쉬운 작은 기적

아담이 창조된 순간 자기가 소리 내어 말을 할 수 있다는 사실에 놀랐을 것이다. 특히 자기가 어떻게 언어를 구사할 수 있는 것인지 의아해했을 것이다. 또 아기는 왜 부모의 눈을 빤히 들여다볼까? 아무도 그렇게 하라고 시키지 않았는데 말이다. 사실 우리의 삶 속에서 이해할 수 없는 많은 일이 일어난다. 한 예로 어린아이들이 직관적인 언어 능력이 있다. 배우지도 않은 단어를 사용한다. 대다수의 어른들이 곤란한 상황에 처했을 때 마땅한 표현을 찾지 못하고 머뭇거릴 때가 있다. 그런데 어린아이들이 특별한 훈련과정 없이도 상황에 맞는 단어를 구사한다.

심각한 기억상실증에 걸린 사람을 생각해보라. 이 사람은 자기가 누구인지 어디에서 왔는지 전혀 기억하지 못한다. 또한 코마상태에 있는 사람이 깨어난 사람도 이전 상태를 기억하지 못한다. 그러나 이들이 기억상실 이전에 배운 것들이 사용하는 어휘나 말투에 그대로 남아 있다. 심지어 자신의 언변에 스스로 놀라기도 한다.

멍멍이 샘과 함께 전도하다.

나는 각 장마다 샘과 함께 전도한 이야기를 해왔다. 그러나 내가 전도할 때마다 성공한다며 감탄하지 않았으면 좋겠다. 사실 늘 성공하는 것이 아니기 때문이다. 실제로 최근에는 연이어 네 번 다 실패했다.

자전거를 타고 가는데 70대 초반쯤 되어 보이는 신사 옆을 지나가기에 인사를 건넸다. 그 역시 다정하게 인사했다. 한 300m 정도 지나친 후에 내가 그의 영혼에 관심이 있다면 되돌아가서 복음을 전해야 하지 않을까라는 생각이 들었다. 그래서 나는 오던 길을 되돌아가 그에게 말했다.

"혹시 제가 전에 이것을 드린 적이 있습니까?"

그는 내가 건넨 십계명 동전을 받았다.

"한 면에는 십계명이 또 다른 면에는 복음이 새겨져 있습니다."

그러자 그가 손을 내밀며 말했다.

"되돌려 주고 싶은데요,"

"아닙니다. 받으세요. 만일 원치 않으시면 그냥 던져 버리셔도 됩니다."

그러자 그는 갑자기 미국 내 기독교인의 98%가 위선자들이라며 일장 연설을 하기 시작했다. 만일 그들이 위선자들이라면 하나님이 심판하실 것이며, 순수한 나머지 2%에 대해서는 어떻게 생각하는지 물었다. 그는 매우 분노하면서 자기는 낙태지지자이며, 기독교인들이 하는 모든 일에 반대한다고 말했다

우리가 약 10분 정도 이야기를 했기에 그 사이를 틈타 충분히 복음을 전할 수 있었다, 그러나 그는 여전히 적대적이었고, 이내 등을 돌리더니 분노가 사그라지지 않은 상태로 걸어가 버렸다. 그는 증오와 편

견이 가득한 사람이었고, 기독교인들은 지옥에 떨어질 것이라고 말했다. 나 역시 자전거를 타고 오면서 그에 대해 우호적인 마음이 들지 않았고 기분도 언짢았다. 그러나 아주 짧은 시간일지언정 그에게 복음을 전할 수 있었던 것에 대해 하나님께 감사했다. 그나마 그는 내가 복음을 전하는 동안만큼은 내 말을 듣고 있었기 때문이다.

다음 날, 나는 동네에 있는 스케이트보드 공원에 들렀다. 저만치에 이십대 초반의 여성이 스케이트 보드를 타고 있는 것이 보였다. 나는 몇 마디 말을 건네며 대화를 터보려고 했지만 면박만 당했다. 별다른 뜻이 있어서 말을 건넨 것이 아니니 안심하라고 말을 하자, 그녀는 낯선 사람과는 말하고 싶지 않다고 냉정하게 말했다. 나는 그리스도인이며, 복음만 전하기를 원한다고 말했다. 그래도 그녀는 여전히 쌀쌀맞았다.

나는 너무도 겸연쩍은 나머지 자전거를 타고 가던 길을 계속 갔다. 그런데 약 400m 정도 지났을 때 한 남자를 만났고, 그의 이름은 글렌이었다. 글렌의 손가락엔 니코틴이 잔뜩 묻어 있었다. 그는 담배를 피우면서 정부로부터 매달 은퇴연금으로 얼마를 받고 있는지 이야기 했다. 내가 물었다.

"글렌, 내세가 있다고 생각합니까?"

내세는 분명히 존재하며, 자기는 천국에 갈 것이라고 그는 말했다. 사실 모든 사람이 그곳에 갈 것이라고 했다. 아돌프 히틀러도 천국에 갈 것인지에 대해 묻자, 그것은 자신이 판단할 문제가 아니라고 말했다. 늘 하나님의 이름을 망령되이 일컫고, 거짓말하고, 훔치고, 여성에 대해 음심을 품지만 자기는 선한 사람이라고 말했다. 자기는 "그리스도"를 믿으며, 그 누구도 자기를 박해할 수 없다면서 히틀러에 대해 계속 말했다. 그러더니 더 이상 내 말을 듣고 싶지 않다고 말했다.

"어르신, 제 말을 들어주셔서 감사합니다."

그러나 그는 여전히 화를 풀지 않고 반대방향으로 걸어가 버렸다.

이것이 끝이 아니다. 몇 주 후, 어느 토요일 아침이었다. 오전 8시 이전이었는데 샘과 나는 우리 앞에서 열심히 걷고 있는 한 노인을 보았다. 그를 지나치면서 나는 그에게 상냥하게 인사를 했다. 그런데 그는 아주 활기차게 인사를 받았다. 그래서 나는 자전거를 멈춘 후 동전을 보이며 물었다.

"혹시 제가 전에 이것을 드린 적이 있나요?"

파는 물건이냐고 그가 물었다.

"아닙니다. 이것은 양면에 십계명과 복음이 각각 새겨진 동전입니다."

그는 나를 쳐다보더니 혐오감을 드러내며 동전을 되돌려 주려했다.

"이건 어르신 것입니다."

그러자 그는 동전을 던져 버리며 말했다.

"필요 없소!"

"네 버리셔도 상관없습니다. 어르신."

그가 자리를 뜨자 "만나 봬서 반가웠습니다. 어르신. 좋은 하루 되십시오.”라고 말했다. 그러나 그는 아무런 대답도 하지 않았다.

나는 거부당하는 것에 익숙하지 않다. 누군가에게 거부를 당하면 마치 무거운 구름이 나를 짓누르는 듯 기분이 매우 우울해 진다.

그러나 상대방의 부정적인 반응을 보이더라도 낙심하지 않는 법을 배웠다. 그들이 그렇게 행동한 이유를 하나님만이 아신다. 그리고 “네, 마음대로 하십시오, 어르신”이라고 말했을 때 그가 불쾌해하는 이유도 하나님만이 아신다. 따라서 이러한 경우 내가 할 일은 기도하는 것이다. 내가 전도에 실패했다는 표현을 사용하긴 했으나 사실 하나님은 우리가 실패라고 말하는 것을 원치 않으신다. 그분이 우리에게 원하시는 것은 단지 **신실함**이며, 나머지는 그분이 알아서 해결하시기 때문이다.

같은 날 오전 8시 30분 경 나는 우리 선교단체 계단에서 담배를 피우고 있는 한 여성 앞을 지나게 되었다. 그녀는 두 살 정도로 보이는 아이와 함께 있었는데, (아이들은 부모의 집중력을 흩트려 놓는 경향이 있음) 복음을 전하기에 아주 적합한 상황은 아니었다. 그러나 나는 멈춰 섰고, 늘 그러하듯 그녀에게 동전을 주면서 십계명과 복음에 대해 이야기 했고, 지하철 선불카드와 우울증과 자살에 관해 쓴 내 책을 선물했다. 내가 멈춰서 그녀에게 말을 건넨 것에 대해 그녀는 매우 당황했으나 감사하다는 말을 여러 번 했다. 내가 자전거를 타고 자리를 뜨자 그녀가 큰 소리로 외쳤다. “일부러 멈춰 서서 저에게 말을 걸어주셔서 정말 감사합니다."

　부정적인 경험을 했다고 해서 복음을 전하는 일을 멈춰서는 안 된다. 복음 전하는 일을 계속 하라. 구름이 걷히고 해가 비추는 것은 단지 시간의 문제이다.

돌아보기 ──────────────

1. 열역학 제1법칙에 대해 설명해보십시오.
2. "모든 것을 다 이루셨다"는 구절을 성경 어디에서 찾을 수 있습니까?
3. 하나님의 창조가 완성되었음을 보여주는 몇 가지 예를 자연 속에서 찾아 말해보십시오.
4. 인간의 몸에서 하나님의 창조가 완벽하다는 것을 보여주는 몇 가지 예를 찾아 말해보십시오.
5. 성경이 "열역학 제1법칙"에 대해 언급한 것은 얼마나 오래전의 일인가요?
6. "컴포플루어스(compofluous)"라는 신조어의 뜻은 무엇입니까?"
7. 하나님이 우리에게 원하시는 것은 무엇입니까?

제8장

노아 방주의 크기

창세기 6장 15절에서 하나님께서 노아에게 지으라고 지시했던 방주의 크는 약 188만 세제곱 피트(약58만m3)였다. 켄 함(창조론자로 유명한 인물-옮긴이)이 사역하는 창조과학연구단체인 AIG(Answers in Genesis)에 따르면

1993년 대한민국, 대전에 소재한 세계수준의 선박해양플랜트연구소인 KRISO에서 홍박사의 주도하에 노아의 방주를 대상으로 과학적 연구가 진행되었다. 홍박사팀은 어떤 디자인이 가장 실용적인지 알아내기 위해 12개의 서로 다른 선체를 비교하였다. 그런데 4,300년전 성경에 등장하는 방주를 능가하는 선체모양을 찾을 수 없었다. 방주의 원래 설계를 조금이라도 수정하면 방주자체가 선박안정성을 잃을 뿐 아니라 파손되기 쉽고, 매우 불안하다.

연구팀은 노아 방주의 선체 비율이 복원안정성(배가 평형을 이루려는 힘)과 내항성(항해 중 파랑이나 그 어떤 변화에도 안전하게 항해할 수 있는 성질) 사

이의 균형이 절묘하다는 것을 연구팀은 알아냈다. (한 예로 배의 폭이 커지면 복원성은 증가하나 내항성이 줄어든다.-옮긴이)

사실 방주는 현대 화물선과 같은 비율로 만들어졌다. 또한 방주는 30m 높이의 파도에도 끄떡없다는 것을 연구진은 확인했다. 현재 연구기관의 기관장인 홍박사는 주장한다. "생명은 바다에서 왔습니다." 이 말은 그 당시 노아시대에 지구 전역에 홍수가 있었다고 주장하는 일반 창조론자의 말과는 명백하게 대치된다. 그러나 그가 이러한 발언을 했다고 해서 방주에 관한 그의 실험과 주장이 신뢰성이 손상되지는 않는다. [59]

현대의 많은 선박들이 길이와 넓이의 비율은 항해에 필요한 동력에 따라 선택되기는 하지만 대체로 방주와 비슷한 비율로 건조된다.

반면에 방주는 물에 떠 있기만 하면 된다. .

레스터대학의 연구원들은 노아의 방주가 성경에 명시된 크기로 지어졌다면 70,000마리의 동물을 싣고 물에 떠 있을 수 있다는 사실을 발견했다. 노아의 방주는 이 세상의 모든 동물 암수 한 쌍씩 싣고 물에 떠 있었을 것이라고 연구진은 추정했다. 거대한 방주 안에 이 모든 동물들을 우겨 넣었는지 확인할 수 없었지만 방주가 가라앉지 않고 70,000마리의 동물 무게를 지탱할 수 있었다는 것을 확신했다. [60]

오만한 회의론자는 방주와 관련하여 지적 딜레마에 빠지게 된다.

방주에 대한 증거들이 이처럼 확실하다면, 그가 도달할 다음 상황은 불 보듯 뻔하다. 즉 이 명백한 일련의 증거들로 인해 결국 패배를 인정하지 않을 수 없을 것이다. 왜냐하면 그는 노아의 방주 이야기가 신화라고 생각하기 때문이다. 이것은 곧 방주 이야기를 "빨간 모자"나 "잭과 콩나무"와 같은 범주로 본다는 말이다. 물론 이들 동화는 나름 교훈이나 구원의 메시지가 있다고 할 수 있으나 절대 실화가 아니다. 말하는 늑대나, 하늘 위의 거인이 존재하지 않듯이 노아가 방주를 짓고, 모든 동물의 암수 한 쌍이 그 안에 들어가 물 위를 떠다니는 일은 없었다는 뜻이 된다. 만일 말하는 늑대가 정말 있다던가, 거대한 콩나무 꼭대기 위의 하늘에 거인이 살고 있다고 믿는다고 말 한다면 아마 그 이야기를 읽는 손자들에게까지 웃음거리가 될 것이다. 이러한 증거를 인정하는 데에는 겸손이 필요하다. 또한 예수님에 대한 겸손과 믿음은 천국으로 향하는 유일한 길이기도 하다.

그 유명한 무신론자 앤터니 플루가 어떻게 마음을 바꾸어 하나님의 존재를 믿게 되었는지에 앞서 살펴본 바 있다. 그에게는 드러난 증거를 인정하는 겸손함이 있었다. 그는 인터뷰를 통해 다음과 같이 말했다.

> 두 가지 결정적인 요인이 있었습니다. 첫째, 물리적 우주의 통합된 복잡성(integrated complexity)에 대한 아인슈타인과 다른 유명한 과학자들의 통찰력에 대한 공감이 커지고 있었기 때문입니다. 둘째, 삶 자체의 통합된 복잡성에 대한 나의 통찰력 때문입니다. 이것은 물리적우

주의 복잡성보다 훨씬 복잡합니다. 이것들은 오직 '지성을 지닌 생명의 원천(Intelligent Source)'에 의해서만 설명될 수 있습니다.

생명과 생식의 근원은 생물학적 관점으로 설명하려는 무수한 시도가 있었지만 그것으로는 도저히 설명될 수 없다고 저는 확신합니다. 해가 지날수록 우리는 유전자의 복잡성과 정교성은 더 많이 밝혀지는 반면 마법처럼 화학적 결합에 의해 저절로 유전자코드가 생성된다는 주장은 신빙성이 떨어지고 있기 때문입니다. 제게 있어 생명체와 무생물의 차이는 화학적인 것이 아니라 존재론적인 것이라는 사실이 명백해졌습니다. 이 둘 사이의 엄청난 괴리는 리처드 도킨슨은 그의 저서 『만들어진 신』에서 생명의 기원은 전적으로 우연과 "행운"에 의해서 생명이 태어났다는 주장에서 확연하게 드러납니다. 만일 이것의 그의 가장 자신 있는 주장이라면 게임은 끝난 것입니다. 물론 제가 신의 소리를 들은 것은 아닙니다. 제가 신의 존재를 인정하게 된 것은 과학적 증거 그 자체 때문입니다.[61]

멍멍이 샘과 함께 전도하다.

두려움이라는 거인을 이길 수 있는 기가 막힌 비법이 있다. 행동에 앞서 미리 계획을 세우라. 샘 없이 혼자 집으로 가는 길이었다. 백 m 전방에서 한 신사가 개를 데리고 걸어오고 있었다. **내겐 계획이 있었다.** 그리고 곧 그에게 말을 걸참이었다.

나는 내 계획을 행동으로 옮겼다. 나는 손을 뻗어 십계명 동전을 꽉 움켜쥐며 전열을 가다듬었다. 그리고 그에게 다가서며 물었다. "제가 이것들 중 하나를 드린 적이 있던가요?" 내 질문은 그의 호기심을 불러일으켰고, 그는 이것들이라는 것이 무엇인지 궁금해 했다. 물론 그것은 받아들기 전에는 무엇인지 알 수 없다.

　그가 말했다. "무엇중 하나라는 말이요?" 나는 그에게 동전을 건네며 말했다. "이건 십계명 동전인데 다른 면에는 복음이 새겨져 있지요."

　그리고 그에게 물었다. "내세가 있다고 생각하십니까?" 그는 머뭇거리더니 있다고 생각한다고 말했다. 그리고 이렇게 덧붙였다.

　"십계명을 지키기만 하면 괜찮겠지요."

　그 말은 바로 내가 노리던 것이었다. 그의 이름은 에드먼드였다. 에드먼드는 거짓말을 하고, 훔치고, 하나님의 이름을 함부로 내뱉고, 마음으로 간음했다고 했다. 그는 십계명 가운데 네 계명을 어겼으니 심판의 날에 유죄판결을 받을 것이고, 그 벌로 지옥에 갈 것이다. 그는 마치 출발선에 서 있는 올림픽 육상선수처럼 빨리 그 자리를 벗어나고 싶어 한다는 것을 그의 몸짓에서 느낄 수 있었다. 내가 말했다. "보아하니 빨리 가고 싶으시군요, 그렇다면 제가 최대한 빨리 말씀드리겠습니다." 당신은 마치 1만 피트 상공에 떠 있는 비행기에서 떨어지면서 양손을 파닥이는 사람과 같다는 비유를 들면서 그에게 복음을 전했다. 예수님만 믿으라고 그를 독려했다. 그리고 내 말을 들어줘서 감사하다는 표시로 선물을 하나 주고 싶은데 괜찮냐고 물었다. 내가 그에게 선불카드를 건네자, 그의 태도가 확 바뀌었다. 그는 올림픽 경기에서 우승이라도 한 것 같은 표정을 지었다. 그러한 그의 모습을 보니 나도 기분이 좋았다.

둘러보기

1. 노아의 방주의 크기에 대한 설명을 성경 어느 곳에서 발견할 수 있습니까?
2. 세상을 향해 노아가 전한 메시지는 무엇입니까?
3. 우리가 전할 메시지는 무엇입니까?
4. 방주에 관한 성경적 사실 가운데 현대 과학자들이 입증한 것은 무엇입니까?
5. 세상의 많은 사람들이 노아의 방주에 관한 성경이야기에 걸려 넘어지는 이유는 무엇입니다.
6. 앤터니 플루가 우주에는 지성을 지닌 초월적인 설계자가 존재한다는 결론을 내리게 한 몇 가지 과학적 증거는 무엇인지 말해보십시오.
7. 전도를 할 때의 두려움을 이기는 비법은 무엇입니까?

제9장

전염병 예방과 격리

성경의 레위기는 전염병 예방을 위한 격리에 대해 말한다. 전염병을 앓고 있는 사람을 격리 시키는 것이 중요하다는 것을 의학이 알아내기 훨씬 전의 일이다.

기원전 1490년에 성경은 나병과 같은 피부증상을 보이는 사람들에 대한 지침을 제시했다.

> 병에 걸려 있는 한, 부정한 상태에 머물러 있게 되므로, 그는 부정하다. 그는 진 바깥에서 혼자 따로 살아야 한다."(레위기 13:46)

위생법은 17세기 이후 현대인들에 의해 등장한 것이 아니다. 14세기에 창궐하던 흑사병은 약 7천만 명의 목숨을 앗아갔다. 건강한 사람들과 환자들을 격리시키지 못했기 때문이다. 집 공기가 나쁜 탓에 가족 모두가 병에 걸리기도 했다. 그러나 성경이 말하는 위생법을 따랐

더라면 수 백 만의 생명을 구할 수 있었을 것이다.

격리법의 역사

일반 잡지 노바(NOVA)에서도 위생법은 성경에 뿌리를 두고 있다는 것을 인정했다.

> 건강한 사람과 환자를 격리시키는 것은 오래전부터 행해져온 위생법이다. 예를 들어 구약이 기록된 때에도 나병환자를 격리시키라는 규정이 존재했다. 20세기 중반 항생제와 일상적 예방접종의 등장으로 과거보다 훨씬 더 큰 규모로 검역법, 또는 위생법의 실행이 가능해졌다. 그러나 오늘날 생화학 테러나 사스와 같이 새로 등장한 질병으로 인해 아주 오래전의 위생법이 다시금 시행되면서 도시 전체가 격리될 수도 있는 상황이 되었다.[62]

미국 질병예방센터(CDC)에 따르면 격리조치는 14세기에 시작되었다고 한다. 이러한 말을 하는 사람들은 성경에 대해 무지하거나 성경을 신뢰하지 않는다.

> 우리가 알다시피 격리조치는 14세기에 전염병으로부터 해안도시를 보호하기 위해 시작되었다. 전염병이 발발한 항구에서 온 배가

베니스에 도착하면 입항하기 전 외진 곳에 40일 동안 닻을 내리고 정박해야 했다. 이러한 격리 조치를 이탈리아 말로 쿼란타 조르니 (quaranta giorni)라고 부르며 40일이라는 뜻이다. 그리고 이 단어에서 Quarantine(위생법, 즉 전염병 예방을 위한 격리 또는 검역)단어가 파생되었다. [63]

그런데 이 40일이라는 기준이 어디에서 온 것인지 아는 사람이 없는 것 같다. 옥스퍼드 아케데믹 저널에 의하면,

격리 기간을 30일에서 40일로 변경한 뚜렷한 이유는 알려져 있지 않다. 질병확산을 방지하기 위해서는 불충분한 시간이라 바꾼 것이라고 말하는 사람들이 있다. 또 어떤 사람들은 이것은 그리스도인들이 지키는 사순절, 즉 40일 동안의 영적정화 기간과 관련이 있다고 말한다.

그뿐 아니라 40일이라는 기간은 대홍수, 모세가 시내산에 머문 시간, 예수님이 광야에 머문 시간과 같은 성경적 사건을 반영한 것이라고 말하기도 한다. 아마도 40일간의 격리를 지정한 이유는 전염병에 노출된 후 잠복기를 40일로 보던 고대 그리스의 의학에 따른 것일 수도 있다. 격리기간을 변경하게 된 이론적 근거를 알 수는 없지만 격리에 대한 기본 개념과 현대 검역법의 근간을 이루고 있다. 근원은[64]

나환자 격리

유다서 1장 22-23절을 보면 "의심을 하는 사람들을 동정하십시오. 또 어떤 부류의 사람들에 대해서는 그들을 불에서 끌어내어 구원해 주십시오. 또 어떤 부류의 사람들에 대해서는 그들을 두려운 마음으로 동정하되, 그 살에 닿아서 더럽혀진 속옷까지도 미워하십시오." 성경 주석가 매튜 풀은 이 구절에 대해 이렇게 해석한다. :

살에 닿아서 더럽혀진 속옷까지도 미워하십시오. 라는 구절은 부정한 옷을 만진 사람도 부정해진다고 말하는 레위기 15장, 4절과 17절의 위생규정을 암시한다. 또한 그 의미를 다음과 같이 해석할 수 있다.

1. 이단이나 강퍅한 죄인들로부터 감염될 위험성이 있을 때에는 그들과 대화를 하거나, 그들의 교리와 관습이 우리에게 미치지 않도록 피해야 한다.

2. 우리가 사람들을 비난 할 때에 그에 적합한 사랑으로 대해야 한다. 또한 우리가 그들을 구할 수 있다고 하더라도 우리는 그들의 악과 그들의 악의 원인, 또는 악으로 오염된 흔적을 미워해야 한다.[65]

구약시대에는 나병이 죄의 한 전형이다. 신경을 파괴하여 환자가 고통을 느낄 수 없게 만드는 질병이다. 의학적 전문 지식이 없는 사람에겐 고통을 느낄 수 없다는 것이 축복처럼 보이지만 사실은 그 반대이다. 통증은 우리로 하여금 움직이게 하고 피가 잘 통하게 한다. 예를 들어 우리가 앉아있을 때, 뭔가 불편하게 느껴질 때마다 자세를 바꾸게 된다. 아니면 그렇지 않으면 그 부분의 감각이 마비될 것이다. 우리가 잠을 자는 동안에도 같은 현상이 나타난다. 잠을 자면서 몸을 이리저리 움직이는 것은 한 자세로만 있으면 온몸의 피가 잘 돌지 못하고, 피가 안 통하는 부분은 부패하기 때문이다. 이것이 나환자들에게 나타나는 증상이다. 환자는 통증을 느끼지 못하므로 움직일 필요가 없고, 그 결과 살이 썩게 된다.

죄도 마찬가지이다. 죄는 양심의 신경을 둔화시킨다. 거짓말하고, 훔치고, 하나님을 모독하고, 간음을 행해도 도덕적으로 불편함을 못느낀다. 악에서 멀어지고자 하는 열망이 사라지면, 인간은 도덕적으로 부패하기 시작한다. 그 결과 지옥이라고 불리는 끔찍한 곳에 영원히 격리될 것이다.

멍멍이 샘과 함께 전도하다.

저 만치 앞을 바라보다가 가슴이 철렁했다. 앞서 복음을 전하려다 여러 사람에게 거절을 당했기 때문에 이번에 만나는 사람에겐 꼭 복음을 전하고 싶었다. 멀찍이 내 앞을 걸어가던 남자가 갑자기 뒤로 돌아서더니 나를 쳐다보았다. 순간 나는 중얼거렸다. "오, 안 돼! 당신은 아니니까, 그냥 가시지." 앞서 만났던 사람은 개를 데리고 있었는데 어찌나 계속 짖어대는지 무슨 말을 하는지 서로 알아들을 수가 없을 정도였다. 내 가슴이 철렁했던 이유는 이 사람도 개를 데리고 있었기 때문이다. 어쨌든 나는 멈춰 서서 그에게 개의 이름이 뭐냐고 물었다. 그리고 그에게 줄 선물이 있다고 말했다. 그 선물로 준 동전에 십계명이 새겨져 있다는 말을 듣자 그는 그것을 되돌려주려고 했다. "아닙니다. 이것은 당신 겁니다." 그러자 그는 동전을 던져버리겠다고 말했다. 그의 이름은 롭이었다. 롭은 자기 부모님이 그리스도인이라고 말했다. 특히 그의 아버지는 목사지만 자기는 종교와 관련된 것이라면 그 어떤 것에도 관심이 없다고 말했다.

롭은 동성애자처럼 느껴졌으나 그것을 확인할 수는 없었다. 그러나 그는 친절하고 공손했으며, 내가 십계명에 대해 설명하는 것을 허락했다. 동성애자에게 복음을 전할 때마다 나는 십계명에 대해서 이야기하나 그들의 성생활에 대해서는 언급하지 않는다. 이렇게 하면 그들은 자신의 성적 취향은 제쳐두더라도 자신이 아주 끔찍하고 영원한 위험에 빠져있다는 것을 알 수 있기 때문이다.

그러나 내가 복음에 대해 이야기하자 롭은 매우 불편해했다. 그래서 나는 말했다. "또 다른 선물이 있습니다. 이것은 지하철 선불카드입니다. 그리고 제가 진심으로 당신을 염려하고 있다는 것을 알아주시면 좋겠습니다."

그러자 그는 짐짓 놀라는 기색을 보이더니, 내가 전하는 복음을 끝까지 들었다. 그리고 우리는 캘리포니아에서 사는 것에 대해 이야기

했다. 캘리포니아 주는 다양한 성적 취향에 관대한 것으로 알고 있다고 그는 말했고, 내 짐작대로 그가 동성애자라는 것을 확인했다. 나는 그에게 내가 그를 얼마나 염려하고 있는지 다시 한 번 더 말했다. 그리고 그의 부모님도 그가 천국이 아닌 곳에서 영원히 지내게 될까봐 염려하고 있을 것이라고 말했다. 그리고 그에게 내가 쓴 책인 『우울증과 자살충동과 싸우는 법』을 건네 주었다. 그의 태도는 매우 호의적으로 변했고, 함께 대화를 나눈 것에 대해 고마워하는 듯했다. 전에도 늘 그러했듯이, 나 역시 감사했다.

스모그 체크와 뜻하지 않은 만남

스모그 체크(자동차 배기가스 검사)와 더불어 몇 가지 부품 수리를 해야 해서 내 차를 두 시간 정도 정비소에 맡겨야 했다. 이것은 곧 내가 걸어서 집에 가야 한다는 의미였다. 걸어가던 중 나는 60대 정도의 아주 초라한 남성이 자기 정원에서 일하고 있는 모습을 보았다.

"안녕하세요?" 나는 큰 소리로 인사를 했다.

"네, 안녕하십니까?" 응수했다.

"그런데 혹시 성경을 읽고 계십니까?"

"더 이상 읽지 않아요."

그리고 자기는 신앙을 잃었다고 덧붙였다.

무슨 일이라도 있느냐고 물었더니 이 세상에서 일어나고 있는 모든 나쁜 일 때문이라고 말했다.

나는 말했다.

"비행기가 흔들린다고 해서 낙하산을 던져 버려서는 안 됩니다. 더 꽉 잡아야지요."

그러자 그는 잡초제거기를 내려놓고 나를 향해 걸어왔다. 그가 다가오자 나는 이름이 뭐냐고 물었다. 그의 이름은 탐이었다.

자신이 선한 사람이라고 생각하느냐고 묻자 그는 "그럴 때도 있고 아닐 때도 있지요."라고 답했다. 그러나 십계명에 대해 내가 설명하자 그는 자신이 거짓말도 하고, 도둑질도 하고, 하나님을 모욕하기도 하고, 마음속으로 간음을 행하기도 하니 지옥으로 향하고 있다는 것을 깨달았다. 그러자 나는 그에게 복음을 전했다. 탐은 매우 호의적이었으나 입이 아주 거칠었다. 특히 모든 사람이 죄를 지어 사망이 이르게 되었다고 말할 때에는 더욱 그러했다. 그는 로마 가톨릭교도였으며, 그 종교가 맘에 들었었다고 말했다.

나는 그를 사랑하고 있으며, 그가 죽은 후 어느 곳에서 영원히 지내게 될지에 대해 많이 염려하고 있다고 말했다. 나는 그에게 선불카드를 주었고, 그 카드가 그에게 설득력을 발휘했다.

탐의 집은 아주 독특했는데, 앞마당에 죽은 나무처럼 보이는 거대한 나무가 있었기 때문이다. 그러나 그는 그 나무가 죽은 것이 아니며, 봄이 되면 살아날 것이라고 말했다. 나는 그 나무가 마치 그의 생명 같다고 말했다. 그는 죽은 것이나 다름없지만 만일 회개하고 예수님을 믿는다면 하나님의 생명이 그의 안에서 피어오를 것이다. 그 나무를 볼 때마다 이 사실을 생각하라고 그를 격려했다. 성경책을 가지고 있느냐고 묻자 그는 서너 권 가지고 있다고 대답했다. 그는 내 이름을 물었다. 나는 손을 내밀어 그의 손을 잡고 흔들면서 우리가 나눈 이야기에 대해 생각해보라고 말했다.

돌아보기

1. 격리에 대한 말씀을 성경 어느 곳에서 발견할 수 있습니까?
2. 미국 질병예방센터(CDC)는 언제부터 전염병 예방을 위한 격리조치가 시작되었다고 주장합니까?
3. 만일 당신이 나병에 걸려 격리되어 있다면 어떤 느낌일지 이야기해보십시오.
4. 어떤 면에서 나병은 죄와 비슷합니까?
5. 유다서 1장 22,23절은 우리가 어떠한 행동과 태도를 취해야 한다고 말합니까?
6. 동성애자에게 복음을 전할 때 그들의 성생활에 대한 이야기를 할 필요가 있을까요?
7. 당신은 이 세상 사람들에게 복음을 전하기 위해 무엇을 하고 있습니까?

제10장
공룡

　　"왜 성경은 공룡에 대해 말하고 있지 않습니까?" 나는 회의론자들의 이런 말을 하는 것을 여러 번 들었다. 성경은 비과학적이고 케케묵은 책이라는 생각에서 나온 말이다. "이 거대한 동물에 관한 증거가 명백한데도 언급조차 안합니다. 공룡 뼈가 있지 않습니까? 그런데도 성경이 아무 말을 하지 않기 때문에 성경은 하나님의 말씀이 아닙니다."

　　다음 성경구절에서 하나님은 이 거대한 동물을 "베헤못"이라고 부르셨다.

> "베헤못을 보아라. 내가 너를 만든 것처럼, 그것도 내가 만들었다. 그것이 소처럼 풀을 뜯지만, 허리에서 나오는 저 억센 힘과, 배에서 뻗쳐 나오는 저 놀라운 기운을 보아라. 꼬리는 백향목처럼 뻗고, 넓적다리는 힘줄로 단단하게 감쌌다. 뼈대는 놋처럼 강하고, 갈비뼈는 쇠빗장과 같다. 그것은, 내가 만든 피조물 가운데서 으뜸가는 것, 내 무기를 들고 다니라고 만든 것이다. ..." (욥기 40:15-19, 새번역)

앨런 스틸은 창조저널(*Journal of Creation*)에서 이렇게 말한다. "베헤못"(욥기 40:15 참조)은 사실 히브리어로 "짐승"이란 단어의 복수형이다. 그러나 실제로 모든 주석가와 번역가가 이 단어를 '강조복수형' 또는 '장엄복수형(*존재의 위대함이나 초월성을 표현하는 관용적 용법*)'으로 보는 데에 동의하기 때문에 "거대한 동물"로 해석할 수 있다. 이와 같은 사례는 실제로 '장엄 복수형'의 형태이지만 항상 단수동사와 함께 사용되는 "엘로힘(구약에서 가장 많이 사용하는 하나님의 이름)"과 유사하다. 또한 베헤못은 하나님이 만드신 "피조물 가운데서 으뜸"이라는 19절의 표현은 (가장 덩치가 크지는 않더라도) 하나님의 피조물 가운데 아주 큰 것 중에 하나임을 암시한다.[66]

일부 성경주석가들은 이 단어가 코끼리나 하마와 같은 동물을 언급한 것으로 본다. 그러나 이 거대한 동물의 특징 가운데 하나는 그 꼬리가 거대한 나무만 하다는 것이다. 하마나 코끼리는 이 묘사에 들어맞지 않는다. 둘 다 꼬리 크기가 나뭇가지 정도이기 때문이다.

성경이 말하는 이 거대한 동물의 특징은 다음과 같다.

- 하나님이 만드신 모든 피조물 가운데 가장 컸다.
- 식물을 먹었다. (초식동물)
- 엉덩이와 배에 큰 힘을 지니고 있었다.
- 꼬리는 큰 나무와 같았다.
- 뼈가 매우 강했다.
- 뼈대가 쇠막대기 같았다.

"그것의 힘은 허리에 있고 그 뚝심은 배의 힘줄("킹 제임스 버전 영어성경은 "the navel of his belly 배의 배꼽"로 표현함.)을 인용하고, 공룡은 알에서 부화하는 것으로 여겨지니 배꼽이 있지 않다면서 욥기 40장에서 언급된 동물이 공룡을 뜻하지 않는다고 주장하는 사람들도 있다.

이러한 주장은 또 다른 논쟁을 불러일으킨다. 즉 공룡이 먼저인가? 아니면 공룡 알이 먼저인가? 만일 알이 먼저라고 한다면, 그 알은 수정된 알인가? 당연히 수정된 알이어야 한다. 그렇지 않으면 공룡이 태어날 수 없다. 그렇다면 어떻게 이런 일이 일어날 수 있는가? 수정된 알은 공룡의 암컷과 수컷의 산물이다. 그래야 그 알에서 같은 류의 새끼가 태어날 수 있기 때문이다. 이 논쟁은 성경적 창조모델의 경우와 매우 흡사하다.

"배의 배꼽(navel of his belly)" 문제에 대한 답은 히브리원전에서 찾을 수 있다. 킹 제임스 버전에서 "navel배꼽"로 번역된 히브리 원어는 "shariyr"이다. (현대히브리어 사전의 아버지로 칭해지는) 하인리히 게제니우스의 히브리어 사전은 이 단어를 "배의 단단한 부분, 이를테면 신경, 인대, 근육"으로 정의한다. [67]

따라서 이것은 단지 번역의 문제일 뿐이다. 뉴 킹 제임스 버전에서는 "his power is in his stomach muscles.;그 뚝심은 배의 힘줄에 있고-개역개정"로 번역되었다. 그러므로 욥기가 묘사하는 동물에 가장 들어맞는 것은 공룡밖에 없다. 〈내셔널 지오그래픽〉에 실린 "스코틀랜드 해안에서 발견된 거대한 공룡 발자국" 제목의 기사는 베헤못에 대해 좀 더 자세하게 설명한다.

> 이 흔적은 화석이 그리 많지 않은 쥐라기 중기의 공룡 생활을 설명해 준다. . . .
>
> 또한 이 발견을 통해 학자들은 용각류에 보다 잘 알 수 있게 되었다. 1900년대 초, 고생물학자들은 목이 긴 공룡을 육중한 몸을 지탱하면서 늪지대에만 사는 덩치 큰 동물로 잘못 인식했다. 그러나 그 이후 발견된 증거에 따르면 베헤못은 육지 위를 걸어 다녔고, 전 세계에 분포하였다. 용각류의 뼈와 발자국은 남극을 포함하여 7개 대륙 전체에서 발견되었다.
>
> "그들은 어쩔 수 없이 물에서 살았을 뿐, 물에서만 사는 동물이 아니었다."라고 고생물학자 브루사테는 말한다. "
>
> "이제 우리는 그들은 매우 역동적이고 에너지가 넘쳤다고 말한다. — 즉 끊임없이 서식할 곳을 찾아 나섰고, 어떠한 환경에서도 생존할 수 있었다."[68]

공룡은 왜 사라졌을까?

공룡이 사라진 것에 대해서는 많은 이론들이 있다. 〈사이언스 데일리>의 보도를 소개한다.

무엇이 공룡을 멸종시켰는가? 이에 대한 논쟁은 지속되고 있다. 오레곤 대학의 새로운 연구팀은 6,600만 년 전 멕시코의 유카탄 반도를 강타한 거대한 유성으로 긴 해저의 지각변동이 중력에 영향을 미친 것으로 판명했다. 이로 인해 전 세계적으로 화산이 분출하면서 공룡의 멸종에 가세했다.

"공룡의 멸종 사건 이전의 시기 동안 전 세계적으로 화산분출이 활발했다는 증거를 발견했다." 전에 오레곤 대학에서 박사과정을 밟던 조셉 번스는 말했다.[69]

이 외에도 다른 가설들이 있다.

다음은 "공룡이 죽은 날 무슨 일이 일어났을까"라는 제목의 기사이다. The following

6,600만 년 전 중생대의 마지막 날의 일출을 상상해보라. … 어느 순간 태양보다 더 크고 더 밝은 불덩이가 하늘을 가로지른다. 잠시 후 100조 톤이 넘는 TNT의 폭발과 함께 소행성이 지구를 강타한다. 이 충격은 지구의 지각을 깊숙이 뚫고, 수천 입방 km의 암석들을 기화시키고, 직경 185km에 달하는 크레이터(구덩이)를 남긴다. 이 때문에 지구위의 생명 80퍼세트를 쓸어버리는 전 세계적 재앙이 시작된다. 을 … 그러나 어떻게 낙진이 지구상의 그토록 많은 생물을 멸종시켰는지

는 흥미로운 미스터리로 남았다. [70]

UC버클리 웹사이트에 따르면,

공룡멸종에 관한 많은 가설들이 굉장히 설득력 있고, 맞는 것처럼 보이지만 이것을 입증하거나 반증할 수 없다면 사실상 과학이 아니다. 소행성충돌과 같은 최상의 가설조차도 과연 K-T 경계(백악기와 제3기의 경계) 소행성 충돌사건에 의해 공룡이 멸종되었는지, 공룡들이 약해진 것인지(아니면 아무런 영향을 받지 않은 것인지) 입증하거나 반증하기 매우 어렵다. … 결국 무엇이 공룡을 죽였는지 정확히 알기 위해서는 타임머신이 필요하다. [71]

'창세기에 대해 답하기(Answers in Genesis)'에서 이 주제에 대한 다음과 같은 명확한 답을 얻을 수 있다.

대홍수 때 수십 억 마리의 동물들이 묻혔다. 그러나 홍수로 인해 공룡은 죽지 않았다. 하나님은 홍수 이후의 새로운 출발을 위해 동물들이 보존되기를 원하셨다. 하나님이 노아에게 그의 가족의 안전을 위해 방주를 지으라고 말씀하셨을 때, 모든 생물을 암수 한 쌍씩 방주에 넣으라고 지시하셨다. 그러므로 모든 종류의 공룡도 방주 안에 있었다. 홍수가 끝나자 이 공룡들은 방주 밖으로 나왔다. 그러나 세상은 그들이 방주에 탈 때와는 매우 달랐다. … 홍수 이후 공룡들은 오늘

날 멸종 위기에 처한 동물들과 같은 위기에 처했다. 그뿐 아니라 서식지 변화, 먹이의 변화, 다른 동물과의 경쟁등에 적응하는 과정에서 질병으로 인해 또는 사냥으로 인해 그 개체수가 서서히 줄어들게 되었다.

그렇다면 공룡은 어떻게 죽었을까? 오늘날 멸종해가는 동물들처럼 그 당시 지구상에 남아 있던 공룡들도 같은 이유로 멸종되었다. 일반 다른 동물들이 멸종된 이유를 설명하기 위해 굳이 거대한 소행성 충돌과 같은 우주적 원인을 거론할 필요가 없다. 오늘날 동물원에서 공룡을 볼 수 없는 이유에 대해서도 마찬가지이다. [72]

그렇다면 다시 묻지만 누가 공룡이 사라졌다고 말하는가? 이제는 진화론자들도 공룡에 대해 인정한다. 공룡은 역시 우리가 상상했던 것처럼 거대하다.

조류는 현대의 공룡인가?

현대 조류는 247과((科, Family)와 10,731 종((種, Species)으로 어류를 제외한 그 어떤 척추동물보다 다양하다.

6,600만 년 전 소행성의 충돌로 공룡이 멸종되었다. 그러나 오늘날의 조류는 소수 공룡이 생존하여 남아있는 증거이다. …

조류는 유난히 종류가 많아 10,000종이 넘는다. 그들 모두가 공룡의 후손이다. … 최근 유전적 단서와 화석을 보건대 현대 조류 가운데

3개 조류 계보만이 백아기와 6천6백만 년 전의 대멸종에서 살아남았음을 보여준다. … 이러한 발견은 작은 벌새에서 목이 긴 타조에 이르기까지 서로 어떠한 연관이 있고, 어떻게 진화해왔는지 이해하는 데 도움을 준다.[73]

공룡이 작아졌을까?

어떻게 그 거대한 공룡이 작은 새로 줄어들 수 있을까? 늘 그러하듯 진화론 판타지에 필요한 것은 오로지 시간의 기적이다. 시간만으로 모든 것이 가능해진다.

어떻게 공룡의 몸이 줄어들어 새가 됐을까?

공룡은 어느 날 눈 깜빡할 새에 새로 진화했다는 말인가? 새로운 연구에 따르면 진화의 긴 과정을 거치다 보면 변형이 가능하다는 것을 보여준다. 현생조류는 수각류(theropods) 공룡과로 알려진 두 다리 보행 공룡이 그 시조이다. **티나로사우르스 렉스**와 이보다는 좀 작은 벨로시 랩터도 이 과에 속한다.

일반적으로 수각류는 조류와 가장 유사하다. 몸무게가 약 45kg에서 225kg 정도로 현생조류에 비해 매우 크다. 이들은 큰 주둥이와 큰 이빨을 가지고 있으며, 지능이 높은 편이다. 예를 들어 벨로키랍토의 두개골은 코요테의 두개골과 유사하고, 뇌의 크기는 대략 비둘기의 뇌 정도이다. 수십 년 동안 고생물학자들이 조류와 공룡을 연결 지을 수 있는 것은 깃털달린 날개와 공룡의 이빨과 긴 꼬리를 가진 하이브리드 생물인 시조새의 화석뿐이다. 이들 동물들은 깃털과 날개, 그리고 날 수 있다는 새의 특징을 지녔으나 1천만 년이라는 시간은 진화론적 시간에 있어서 아주 짧은 순간에 불과하다.

"시조새는 현생조류의 특징을 완전히 지니고 나타난 듯합니다." 영국 브리스톨 대학의 고생물학자 마이클 벤튼은 말했다.

이 기적적인 변형을 설명하기 위해 과학자들은 종종 "기대되는 괴물(hopeful monsters)"로 불리는 이론을 상기시킨다.

이 이론에 따르면 주요 진화도약은 종 내의 일반적인 변형과 질적으로 다른 방대한 규모의 돌연변이를 필요로 한다. 짧은 시간 내의 거대한 변화라는 이 이론으로만 300파운드의 수각류가 참새크기의 선사시대의 새 **이베로메소르니스**로 갑자기 변했는지를 설명할 수 있다.[74]

진화론자들이 조류는 한 때 공룡이었다는 것을 확신한다고 말하는 것을 처음 들었을 때, 나는 그들이 농담을 하고 있는 것이 틀림없다고 생각했다. 그런데 농담이 아니었다.

정말 새가 공룡이었을까?

척추동물의 계통발생에 익숙한 일반 고 생물학자에게 물어보라 그들은 아마 새(조류)가 공룡인 것이 맞다고 말할 것이다. 전문용어를 사용하자면 새는 '조류공룡'이고, 다른 공룡들은 '비조류 공룡'이다. 그리고 (이상하게 들릴지는 모르지만) 학문적으로 볼 때 조류는 파충류로 간주된다. 지나치게 학문적인가? 단지 의미적으로만 그렇다는 것인가? 어쨌든 여전히 과학은 멋진 학문이다. [75]

정말 멋진 학문일까? 멋진 학문이라고 생각하는 사람은 과학과 인간의 상상력을 동의어로 보는 것이 틀림없다. 둘 다 어떤 한계가 없기 때문이다. 우리는 이 거대한 동물을 인간의 상상력이라기 보다는 과학적 발견의 측면에서 살펴보았다.

우리에겐 공룡의 완전한 골격이 있다. 지난 세기의 성경 주석가들은 볼 수 없었던 것이다.

공룡의 전체적인 생김새는 알 수 없다. 뼈의 크기로 보아 공룡의 일부는 오늘날 살고 있는 동물보다 몸집이 훨씬 크다는 것을 알 수 있을 뿐이다. 그러나 우리가 알지 못한다고 해서 이 구절에 나타난 동물의 생존가능성을 배제할 이유가 없다.

멸종된 거대 동물의 화석이 발견되기 전이었기 때문에 옛날 성경주석가들이 베헤못의 정체를 현존하는 동물 가운데 덩치가 아주 큰 동물들에게서 찾아내려 했던 것은 그리 놀랄 일이 아니다.

그처럼 거대한 동물이 있었으나 멸종했다는 것을 그들은 알 리가 없었다. 따라서 욥기 40장에 묘사된 베헤못이 아주 큰 동물이라는 것만 알 수 있었을 뿐 그들의 서식지를 포함한 몇몇 구체적인 설명과 일치

하는 동물을 도저히 찾을 수 없었다. 핵심 구절인 욥기 40장 17절의 전반부에서 베헤못의 꼬리가 백향목같다는 묘사를 통해 그 크기를 가늠할 수는 있었으나 실제로 이와 부합되는 동물이 존재한다는 가능성은 없었다. 게다가 단수 동사를 사용했기 때문에 해석하기가 더욱더 어려웠던 것이다.

결론적으로 베헤못은 아주 큰 동물이나 지금은 존재하지 않으며, 그 꼬리가 아주 크다는 것 정도가 제일 납득할만한 해석이다. 그러나 현재 우리가 알고 있는 지식을 토대로 할 때 베헤못은 멸종된 공룡으로 보는 것은 매우 합리적인 해석이다. [76)]

멍멍이 샘과 함께 전도하다.

오십대 후반 아니면 육십대 초반으로 보이는 남자가 작은 개와 함께 저만치서 걸어오고 있었다. 그는 키가 크고 육중한 몸매에 선캡을 쓰고 코에는 선스크린을 허옇게 발랐다. "개가 참 귀엽습니다. 이름이 뭔가요?"내가 물었다. 개 이름은 코코라고 그가 답했다. 개털이 코코아색이라 이름이 잘 어울린다고 나는 말했다. 그리고 그에게 십계명 동전을 건넸다. 그는 동전을 받아들면서 이미 받은 적이 있다면서 내가 "종교적"이라고 말했다. 나는 종교적이지 않으며, 종교 자체에 문제가 있는 것은 아니라고 말했다.

그는 걸어가면서 내게 질문을 했는데 아주 이상한 질문이었다. 나는 그를 따라 걸으면서 그는 당뇨병환자이고 운동이 필요하다는 사실을 알게 되었다. 그의 이름은 탐이었다. 하나님에 대해 적대적인 책에 으레 나와 있는 갖가지 질문을 시작했다. 하나님은 왜 사람들이 고통 받게 하느냐? 종교는 전쟁을 일으킨다.

나는 1,2차 세계대전, 한국전쟁, 베트남전쟁처럼 모든 전쟁의 90퍼센트 이상이 종교와는 관계없는 전쟁이라고 말했다. 그는 맹목적인 믿음을 요구하는 종교를 믿지 않고 과학을 믿는다고 말했다.

건축자가 없는 건물은 없다는 것을 믿지 않는 사람은 없다고 그에게 말했다. 건물자체가 건축가의 존재를 입증하며, 신앙이 있어야만 이러한 사실이 믿어지는 것이 아니다. 그림과 화가, 피조물과 창조주의 경우도 마찬가지이다. 우리는 우리 주변만 돌아보면 하나님이 계시다는 것을 알 수 있다. 그리고 성경이 말하는 믿음이란 그 하나님 안에 우리가 있다는 것을 믿는 것이다.

그리고 나는 비행기 조종사와 의사에 대한 우리의 신뢰를 예로 들었다. 그가 하도 많은 질문을 하는 바람에 나는 그에게 혹시 생선을 먹어본 적이 있느냐고 물었다. 그가 먹은 적이 있다고 답하자 나는 이 모든 질문들은 생선을 먹는 것과 같은 방법으로 처리하면 된다고 말했다.

십계명으로부터 심판의 날, 지옥이 실재하며 그는 그곳을 향해 가고 있다고 차근차근 이야기를 나누었다. 탐은 자기는 지옥을 믿지 않기 때문에 지옥에 갈 걱정을 하지 않는다고 말했다. 그래서 나는 그가 걱정을 안 할지 몰라도 나는 그에 대해 걱정을 한다고 말했다. 그가 하나님의 심판을 받고 지옥에서 영원히 지내게 될 생각에 무서워졌다.

"당신은 나를 알지도 못하지 않습니까."그가 말했다.

"저는 당신의 이름이 탐이라는 것을 알고 있습니다. 그리고 당신은 당뇨병에 걸렸으며, 거짓말을 하고, 훔치기고 하고, 마음으로 간음을 저지르기도 하고, 개를 좋아하고, 개의 배설물을 수거할 정도로 양심적인 사람이라는 것을 알고 있습니다."(실제로 그가 애완견의 배설물을 집어 드는 것을 보았음.) 내 말을 듣고 그는 미소를 지었다. 그래서 나는 복음에 대해 이야기 한 후 그에게 선불카드를 주었다. 그는 크게 감동을 받은 듯했다. 그가 떠나면서 말했다. "감동적인 말을 해줘서 고마워요." 그 말은 내게 큰 격려가 되었다.

성경에 있는 과학적 사실들을 이용하기

다음에 소개할 대화내용은 성경에 있는 과학적 사실들을 이용하여 수많은 사람들에게 전도를 할 때, 찍었던 영상 속의 대화를 부분적으로 발췌한 것이다.

레이: "오스카, 성경을 믿습니까?"
오스카: "예, 그러나 문자 그대로 믿어야 한다고 생각하지 않아요."
레이: "좀 더 구체적으로 말할 수 있나요. 그러니까 당신의 말은 예

수님이 진짜 죽었다가 살아났다던가, 하나님이 이 세상을 6일 만에 지으신 것은 사실이 아니라는 말인가요?"

오스카: "맞습니다. 저는 예수님이 죽었다가 살아났다는 것을 믿지 않아요."

레이: "후안, 성경을 믿습니까?"

후안: "아니요, 믿지 않아요."

레이: "성경에 실수가 있다고 생각하나요?"

후안: "네, 성경에는 실수가 있다고 생각합니다."

레이: "혹시 생각나는 것이 있습니까?"

후안: "글쎄요, 성경이 쓰인 지 3,500년 이상 됐잖아요. 그래서 번역을 하는 과정에서 많은 실수가 있었을 것이라고 생각해요."

레이: "당신은 하나님께서 그분의 말씀을 보존하셨을 것이라고 생각하십니까? 누군가에게 쪽지를 건넸을 때, 그것이 전달되는 과정에서 메시지가 바뀔 수 있습니다. 그러나 그 사람이 쪽지를 보존하면 메시지가 바뀌지 않겠지요. 하나님은 자신의 말씀을 보존해오셨습니다.

후안, 저는 거의 44년 동안 하루도 빠지지 않고 성경을 읽어왔습니다. 그리고 성경 속에서 아무런 실수도 발견하지 못했지요.

서로 모순처럼 보이는 것을 발견한 적은 있습니다. 그러나 그것은 제 실수였지요. 제가 제대로 이해하지 못했던 겁니다. 성경의 기원은 초자연적입니다. 우리가 미처 알아내지 못했던 과학적 사실들이 수천 년 전에 이미 성경에 담겨져 있었다는 것을 아십니까? 이런 사실을 알고 계셨습니까?"

후안: "알지 못했어요. 그 과학적 사실들이라는 것이 어떤 것인가요?"

레이: "이사야서는 지구가 빈곳에 매달려 있다고 말하고, 욥기는 지구가 우주 공간을 둥둥 떠다닌다고 말합니다. 레위기에서는 생물의 생명이 피에 있다고 말합니다. 만일 당신이 의사를 찾아가 혈액을 채취하면 그는 당신의 몸의 상태를 이야기 합니다. 혈액 속에 정보가 들어있기 때문입니다. 우리는 이러한 사실을 최근에 와서야 발견했습니다. 50년 전만 해도 방혈법이 몸에 좋다고 생각해서 피를 흘려보냈지요.

지금은 핏속에 생명이 있다는 것을 알고 수혈을 합니다. … 만일 당신이 십계명을 기준으로 심판의 날에 하나님 앞에 선다면 유죄판결을 받을지, 아니면 무죄판결을 받을지 몇 가지만 살펴보기로 합시다.

오스카: "저는 당연히 유죄입니다."

레이: "그렇다면 천국과 지옥, 어느 곳에 갈 것 같습니까?"

오스카: "모르겠네요, 하나님의 결정에 달려 있겠지요."

레이: "그분은 우리에게 이미 말씀하셨습니다. 거짓말하는 모든 자들은 불과 유황으로 타는 못에 던져질 것이라고 말입니다. 도적, 우상숭배자, 간음한자, 모두가 하나님의 나라를 유업으로 받지 못한다고 말씀하셨지요. 그렇다면 심판 날에 당신은 어떻게 하시겠습니까? 어떻게 자신을 정당화 하실 겁니까? 제가 사실을 말한다고 생각합니까 아니면 거짓말을 한다고 생각합니까?"

오스카: "여하튼 당신은 당신이 믿는 것을 믿겠지요. 저는 믿지 않는 쪽을 택했고요."

레이: "그렇다면 내가 말한 것 가운데 어떤 것들을 믿지 않습니까? Your beliefs matter. 당신이 무엇인가를 믿는다는 것은 중요합니다. 길을 갈 때 그 길이 안전하다고 **믿으면**, 계속 그 길로 가겠지요. 그러나 바로 앞에 지뢰가 있다고 믿으면 길을 돌아가겠지요. 이처럼 당신의 믿음이 당신의 행동을 통제합니다. 만일 하나님이 말 못하는 우상과 같다고 믿는다면 정의나 진리에 대해 관심을 갖지 않고, 그냥 죄가운데 머물다가 결국 지옥에 가겠지요. 이것은 **매우** 심각한 문제입니다. 하나님의 말씀을 믿으십시오. 그분은 진실을 말씀하십니다. 거짓말을 하지 않으십니다. 그런데 몇 살입니까?"

오스카: "열아홉이에요."

레이: "못 믿겠는데요, 몇 살입니까?"

오스카: "열아홉 살이라니까요."

레이: "글세, 난 못 믿겠는 걸요. 어디에 사십니까? 어느 도시에 살고 있습니까?"

오스카: "나 참, 기가차서."

레이: "하나도 못 믿겠군요. 자, 당신 말을 전혀 믿지 않아서 모욕감을 느꼈나요?"

오스카: "네."

레이: "평범한 우리도 자신의 말을 믿어주지 않으면 모욕을 느끼는데, 하물며 하나님의 말씀을 도통 믿지 않는다면, 그분에게 얼마나 큰 모욕이겠습니까? 당신이 성경에 있는 하나님의 말씀을 믿지 않는다고 말한다는 것은 하나님을 거짓말쟁이라고 부르는 것과 같습니다. 성

경은 말씀하십니다. '여러분 가운데에 믿지 않는 악한 마음을 품고서, 살아 계신 하나님을 떠나는 사람이 아무도 없도록, 여러분은 조심하십시오.' 신뢰가 없이는 그 어떤 사람과도 관계를 맺을 수 없습니다. 예를 들어 '너를 여자 친구로서 좋아하지만 너를 신뢰하지는 않아.'라고 말한다면 그 관계가 지속될 수 없습니다. 또 뇌수술 의사에게 '저는 당신을 믿지 않습니다.' 또는 담당 의사나 치과의사에게 '당신을 신뢰하지 않아요.', 또는 은행가에게 또는 비행기 조종사에게 '저는 당신을 안 믿습니다.' 라고 말할 수 있겠습니까. 그럴 수 없지요. 이들이 당신을 실망시킬 수도 있겠지만 그들을 신뢰해야 합니다. 그렇다면 거짓말을 하실 수 없는 하나님은 얼마나 더 많이 신뢰해야 하겠습니까? '나는 하나님이 말하는 것 안 믿어.'라고 말하는 불신의 죄에 대해 생각해보십시오. 왜냐하면 성경을 하나님의 영감을 받아 쓰인 것이며, 하나님의 말씀이기 때문입니다. 오늘 나는 복음의 진리에 대해 말했습니다. 최소한 당신이 그것에 대해 생각하기를 원합니다. ... 그렇게 하시겠습니까? "

오스카: "네, 그렇게 할게요."

* * *

레이: "엔젤, 자신의 죽음에 대해 생각해본 적이 있습니까?"
엔젤: "네."
레이: "죽는 것이 두려운가요?"

엔젤: "네, 두려워요."

레이: "죽음과 관련하여 당신이 할 수 있는 일이 있어요. 그것이 무엇인지 알고 있나요?"

엔젤: "죽음에 대해 제가 무엇을 할 수 있다는 거죠?"

레이: "하나님은 당신에게 영원한 생명을 주실 수 있거든요. 당신이 85층 건물의 엘리베이터 안에 있는데, 엘리베이터 케이블에 대한 믿음이 없다면 두려울 것입니다. 맞지요? "

엔젤: "네."

레이: "누군가 당신을 아래로 데리고 가서 '보세요, 이 케이블들을, 4인치 두께의 케이블이 열 개나 됩니다. 끊어질 리가 없지요.'라고 말한다면 엘리베이터에 대해 믿음이 생기고, 그 믿음은 두려움을 몰아낼 것입니다. 하나님은 당신에게 알려주실 수 있습니다. 그것을 알면 당신에겐 믿음이 생길 것이고, 두려움도 사라질 것입니다. 당신은 스스로 선한 사람이라고 생각합니까? 당신이 죽으면 천국에 갈 것 같습니까?"

엔젤: "가고 싶어요, 제 말 뜻은 하나님이 용서해주신다면 말입니다. 그렇지요?"

레이: "거짓말을 하거나 물건을 훔친 적이 있습니까?"

엔젤: "네, 있어요."

레이: "당신은 거짓말하는 도둑입니까? 하나님의 이름을 망령되이 일컬은 적[함부로 내뱉은]이 있습니까?"

엔젤: "모르겠어요. 아마 한 번 정도 있는 것 같아요."

레이: "그것을 신성모독이라고 합니다. 단 한번만 그랬다고 하더라도 구약성경에 의하면 사형선고가 내려집니다. 아주 심각하지요. 당신이 하나님이 하신 일을 알게 되면 지옥에 안 가도 됩니다. 그분은 믿을 수 없는 일을 하셨습니다."

엔젤: "그분이 무슨 일을 하셨는데요?"

레이: "그분은 2,000년 전에 인간이 되셨고, 고난을 받으셨으며, 이 세상의 죄를 대신하여 십자가에서 죽으셨습니다. 당신과 나는 하나님의 법을 어겼지만 예수님이 대신 우리의 죄 값을 치르셨습니다. 당신이 법정에 섰다면, 당신이 유죄라고 하더라도 누군가 당신을 위해 벌금을 내주었다면, 판사는 당신을 보내줄 것입니다. 하나님은 당신을 방면하실 수 있습니다. 하나님은 당신이 저지른 범죄를, 당신의 죄를 용서하실 수 있습니다. 그분은 자비가 풍성하시기 때문에 당신을 용서하실 뿐 아니라 영생이라는 선물을 주십니다. 당신이 십자가에서 죽으시고, 삼일 만에 다시 살아나신 예수님을 믿는다면, 하나님은 당신이 지은 모든 은밀한 죄를 용서하시고 영원한 생명을 선물로 주실 것입니다. 하나님의 완전하심에 대해 말씀드리지요. ... 당신은 그분이 모든 일을 하실 수 있다고 생각하십니까?"

엔젤: "네, 그분은 하나님이시니까요."

레이: "그런데 성경은 하나님이 하실 수 없는 일이 있다고 말합니다. 하나님은 거짓말을 하실 수 없습니다. 그리고 하나님이 거짓말과 속이는 일을 하실 수 없는 이유는 하나님에겐 그 일이 너무 불쾌하고 역겹기 때문이라고 성경은 말합니다. 그래서 하나님은 결코 그렇게 하시

지 않습니다. 당신이 그분의 완전함을 믿는 다는 것은 그분의 약속을 믿는 것을 의미합니다. 그리고 성경에 있는 하나님의 말씀을 믿는 것을 의미하지요. 수천 년 전에 쓰인 성경에는 우리가 미처 알아내지도 못했던 과학적이고 의학적인 사실이 가득하다는 것을 아십니까? "

엔젤: "정말이요?"

레이: "성경은 지구가 우주에 자유롭게 떠 있다고 말합니다. 욥기 26장 7절은 '하나님이 북쪽 하늘을 허공에 펼쳐 놓으시고, 이 땅덩이를 빈 곳에 매달아 놓으셨다.'고 말합니다. 또 이사야서 40장에서는 지구가 둥글다고 말합니다. '그는 땅 위 궁창(the circle of the earth)에 앉으시나니' 또 성경은 격리법에 대해 말합니다. 나병환자는 '진 바깥에서 혼자 따로 살아야 한다.' 우리는 근대에 이르러서야 격리법에 대해 알게 되었지요. … 만일 사람들이 이 사실을 알았더라면 오랜 세월 동안 걸쳐 수많은 생명을 구할 수 있었을 겁니다. 격리를 통해 전염병이 확산되지 않았을 테니까요."

엔젤: "만일 사람들이 성경을 읽고 그것을 믿었다면, 당연히 알았을 텐데요. 그렇지 않나요?"

레이: " 맞습니다. 성경을 읽고, 믿었다면, 이 방법을 알았을 테고, 많은 생명을 구할 수 있었을 겁니다. 하나님이 어떻게 당신에게 즉각적으로 영원한 생명을 주실 수 있는지에 대해 제가 한 말이 모두 사실이라고 생각하십니까?"

엔젤: "네."

레이: "구원을 받으려면 두 가지가 필요합니다. 즉 회개하고, 그리

스도를 믿어야 합니다. 언제 이 두 가지를 하실 겁니까? "

엔젤: "가능한 한 빨리요."

레이: "오늘이요?"

엔젤: "오늘 할 수 있을 것 같아요. … 맞아요, 오늘."

레이: "당신의 죄에 대해 하나님께 용서를 구하는 것이 중요합니다. 그리고 이렇게 말하면 됩니다. '주님, 저는 당신을 믿습니다. 당신은 거짓말을 하실 수 없는 분입니다. 저는 당신의 완전하심을 믿습니다. 저를 당신에게 맡깁니다. 저는 하나님을 믿습니다. 또 제가 영생을 얻었다는 것을 믿습니다.' 아시겠습니까?"

엔젤: "네."

레이: "당신과 함께 기도해도 될까요?"

엔젤: "네."

* * *

레이: "성경엔 의학적, 과학적 사실들이 가득하다는 것을 알고 생각이 좀 바뀌었습니까? "

로드: "아니요."

레이: "비행기가 추락하려고 하는데 낙하산을 착용하려하지 않는다면, 제가 당신을 위해 할 수 있는 최선의 방법 가운데 하나는 당신의 발목을 매서 5초 동안 비행기 밖에 매달아 놓는 것입니다. 그리고 다시 비행기 안으로 끌어당기면 당신은 정신이 번쩍 들어 '낙하산을 주십시오!'라고 말할 겁니다. 왜냐하면 당신이 얼마나 위험한지 알았으니

까요. 성경엔 의학적, 과학적 사실들이 가득하다는 사실을 아는 것이 당신을 그리스도게 이끌지 못합니다. 그러나 당신이 위험에 처해있다는 것은 알 수는 있습니다. 당신은 죽으면 큰일이라고 생각합니까?"

로드: "위험은 매일 매일의 삶 속에서 도사리고 있습니다. 제 말 뜻은 …"

레이 "저는 **영원한** 위험에 대해 말하는 것입니다. 차에 치이는 위험이 아니라 영원히 지옥에 떨어지는 위험 말입니다. 단 몇 초 동안이라도 당신이 얼마나 큰 위험에 처했는지 설명할 수 있게 해주십시오. (마치 발목에 줄을 맨 후 몇 초 동안 비행기 밖으로 던지듯이 말입니다.)

아주 잠깐 동안이지만 불쾌할 수도 있습니다. 그러나 당신에겐 매우 유익할 것입니다. 지금까지 살아오면서 당신은 거짓말을 몇 번이나 하셨습니까?"

로드: "아마 수천 번은 되는 걸로 알고 있습니다."

레이: "무언가를 훔친 적이 있습니까?"

로드: "수도 없지요, 어릴 때부터 훔쳤으니까요. 제 말뜻은 어린아이들은 뭔가 반짝거리는 것을 보면 움켜잡고 싶어 한다는 것이지요. "

레이: "금이나 다이아몬드가 반짝거리지요. 하나님의 이름을 함부로 사용한 적이 있습니까?"

로드: "그럼요."

레이: "예수님은 말씀하셨습니다. '여자를 보고 음욕을 품는 사람은 이미 마음으로 그 여자를 범하였다.' 당신도 그런 적이 있습니까?"

로드: "네."

레이: "로드, 당신은 거짓말도 하고, 훔치기도 하고, 신성모독도 하고, 마음속으로 간음도 했다고 방금 내게 말했습니다. 그런데 당신은 심판의 날에 하나님 앞에 서야 합니다. 당신이 그분 앞에 서면 십계명에 의해 심판을 받을 겁니다. 당신은 유죄일까요, 무죄일까요?"

로드: "유죄입니다."

레이: "천국행일까요 아니면 지옥행일까요?"

로드: "지옥행l."

레이: "만일 당신이 깨달은 것이 있다면 이렇게 말해야 할 겁니다. '이봐요, 저는 구세주가 필요합니다. 낙하산을 착용해야하듯 주 예수 그리스도가 필요합니다. … 저는 죄 사함을 받아야 합니다. 하나님께서는 구세주를 주셨습니다. 그분은 우리 죄 값을 대신 치르기 위해 십자가에서 죽으셨습니다. 덕분에 우리는 지옥에 가지 않아도 됩니다.' 당신이 유죄판결을 받았더라도 누군가가 당신을 대신해서 벌금을 냈다면 판사는 당신을 방면할 것입니다. 하나님은 당신을 방면하실 수 있습니다. 즉 하나님은 예수님께서 죽으심과 부활을 통해 당신은 영원히 살 수 있게 하셨습니다. 당신이 해야할 일은 회개하고, 낙하산을 믿듯이 그분을 믿는 것입니다.

'예수 그리스도로 옷을 입으십시오.'라고 성경은 말합니다. 로드, 이것에 대해 최소한 생각만이라도 해 보시겠습니까?"

로드: "생각해보지요."

레이: "사랑하는 어린 자녀들이 있으시지요?"

로드: "예, 둘 있습니다."

레이: "'아빠, 나는 왜 죽는 걸까?'라고 물으면 뭐라고 대답하시겠습니까?"

로드: "글쎄요, 제 딸은 컸는지 최근 그리스도인이 되었습니다. 열 살입니다."

레이: "오늘 저랑 이야기를 나누게 된 것은 아마 따님의 기도 때문일 겁니다."

돌아보기 ——————————————————————————

1. 욥기 40:15-24에 묘사된 동물의 네 가지 특징은 무엇입니까?
2. 이 동물을 코끼리나, 하마로 믿는 사람들도 있지만 그렇지 않은 이유가 무엇입니까?
3. "베헤못"의 뜻은 무엇입니까?
4. 세상 사람들은 공룡에게 무슨 일이 일어났다고 생각합니까?
5. 창세기 1장 24,25절을 보십시오. 공룡은 언제 창조되었습니까?
6. 만일 욥이 공룡을 "볼 수"있었다면, 공룡이 인간과 함께 살았는지 아닌지에 대한 논쟁에 대해 무슨 말을 할까요?
7. '베헤못'에 관한 욥기서의 구절들은 성경에 대한 당신의 믿음에 어떠한 영향을 줍니까?

─────── 제11장 ───────
대기오염과 과학

　샘과 함께 스케이트보드 공원에 갔다. 이곳은 복음을 전하고, 그 동영상을 우리 단체 유튜브 채널이나 TV프로그램에 소개하기에 아주 좋은 장소이다. 이 날은 유난히 더웠다. 그때 스케이트보드를 타던 무리 가운데 한 사람이 목이 말라서 집에 가야겠다고 말하는 소리를 들었다. 순간 아이디어가 떠올랐다. 나는 자전거를 타고 쏜살같이 달려 집으로 돌아갔다. 그리고 생수 7병을 가지고 신이 나서 공원으로 돌아왔다. 그러나 돌아와 보니 그 무리들은 열기를 피해 큰 나무 그늘 아래로 자리를 옮겨 앉아있었다. 그들이 이미 시원한 곳으로 옮겨갔기 때문에 내가 생수를 건넸을 때 그다지 감동을 받은 것 같지는 않았다. 그러나 일곱 명 가운데 두 사람은 고마워했다. 나는 다음 날에도 공원에 갔다. 자전거에 탄 채 스케이트보더들을 바라보았다. 그때 약 50m 전방에서 한 스케이트보더가 열심히 손을 흔들고 있는 것이 눈에 띄었다. 그를 보니 어제 더위를 무릅쓰고 집으로 달려가 생수를 가져온 보람이 느껴졌다. 그런데 그는 어제 보았던 사람이 아니었다. 그래서 나

는 내가 지레짐작을 하고 내 친절한 행동을 과대평가했다고 생각했다. 잠시 후 무리 가운데 두 사람이 또 나를 향해 열정적으로 손을 흔들었다. 하나님이 드디어 기회를 주셨구나 생각했다. 그런데 알고 보니 내가 램프(ramp)의 랜딩지점(경사로의 착지 지점) 옆에 서 있었기 때문에 비켜서라고 소리를 치면서 손을 흔든 것이었다. 그리스도인으로서 우리의 아젠다는 불신자들에게 죄의 길에서 벗어나라고 말하는 것이다.

그들은 하나님의 진노로부터 달아나야 한다. 그렇지 않으면 망하고 만다. 그러나 우리는 불신자들에게 하나님의 진노의 길에서 비켜서라면서 말로만 복음을 전할 수 있는 것이 아니다. 한 젊은 목사가 텍사스의 한 작은 마을에 가서, 온천에 몸을 담그고 있었다. 그는 내가 알고 있는 열성 그리스도인들 가운데 하나였다. 복음에 대해 타협을 하느니 차라리 죽을 사람이었다. 그러나 그에겐 문제가 있었다. 그 도시의 거의 모든 사람들을 귀찮게 하고 있었다. [성가시게]심지어 그의 교회의 교인들은 물론 교회 장로들까지도 화를 낼 정도였다. 그는 어디든지 가는 곳마다 복음 설교를 했기 때문이다. 그는 내게 자기가 좀 강도를 낮춤으로써 타협을 해야 되느냐고 물었다.

나는 그가 장로들에게 이렇게 말해야 한다고 말했다.

"예배가 끝날 때마다 저는 이렇게 말하려고 합니다. '영원한 구원에 대해 이야기 하고 싶으신 분이 있다면 기꺼이 응하겠습니다.'"

그 말만 할 것이라는 것을 분명히 밝히라고 나는 말했다. 그리고 이렇게 덧붙였다. "내가 당신이라면 당신 동네 집집마다 식료품을 배달할 것입니다. 당신이 하고 싶은 것이 무엇인지 장로들에게 말하십시오. 왜냐하면 당신은 당신의 교회가 선한 일을 많이 하는 교회로 알려지기를 원하기 때문입니다. 그리고 집집마다 식료품을 배달할 때에는 문 앞에 그냥 놔두십시오. 집안으로 들어가려고 하지 마십시오. 당신이 그곳을 방문한 이유는 어떤 식으로라도 돕고 싶어서라는 내용의 간단한 쪽지만 남기십시오. 당신의 직함은 빼고 이름과 소속교회만 밝히십시오. 그리고 잔디 깎기나 페인트 칠, 담장 수리나 울타리 손질과 같은 실용적인 일을 부탁할 수 있다고 말하십시오. 그리고 문장 끄트머리에 '하나님의 축복하시길.'과 같은 문구를 아예 넣지 마십시오. 선을 행함으로 어리석은 자들의 무지한 입을 막는 것이 하나님의 뜻이라고 성경은 말합니다. 작은 도시에 사는 것은 가족이랑 함께 사는 것과 아주 비슷합니다. 그곳 주민에게 끊임없이 설교를 할 수 없습니다. 행동으로 당신의 믿음을 보여줘야 합니다. 작은 동네에서도 마찬가지입니다."

LA 대기오염

우리 선교단체는 디즈니랜드에서 북쪽으로 약 15분 거리의 LA 카운티에 있다. 1980년대 후반, 우리가 처음 미국에 왔을 때 대기오염이 끔찍했다. 대기오염이 심하다보니 눈으로 볼 수 없던 하늘의 기류를 실제로 볼 수 있을 정도였다. 감사하게도 수년에 걸쳐 점차 나아졌다.

그러나 공항을 지나면서 본 LA 엽서에 찍힌 하늘은 너무도 맑고 깨끗했다. 틀림없이 폭풍 후 찍은 듯했다. 많은 사람들이 폭풍 후 공기가 깨끗하고, 비가 오염물질을 씻어 내린다고 생각한다.

그러나 실제로는 이보다 훨씬 복잡하다. 하나님은 공기분자가 아주 놀라운 활동을 하도록 만드셨다. 공기에는 우리가 숨을 쉬는 O2(산소)가 포함되어 있다. 번개와 같은 전기 충격이 가해지면 분자가 결합하여 O3(오존)을 생성한다. 이 과정에서 O3가 오염물질에 달라붙어서 분자 수준으로 분해한다.

하나님의 진노의 번개도 영적으로 이와 비슷한 영향을 미친다. 하나님에 대한 두려움이 인간으로 하여금 악의 오염으로부터 떨어져 나오게 한다. 우리가 진정으로 하나님을 두려워할 때, 우리는 비밀스러운 죄를 감추려고 애쓰지 않아도 된다.

복음은 죄인은 우리를 깨끗케 할 뿐만 아니라 완전히 죄를 소멸시키는 능력을 가지고 있다. 그리스도 안에서 하나님의 은혜가 "동이 서에서부터 먼 것처럼" 우리의 죄를 멀리 치워버리신다. 이것은 도저히 계산할 수 없는 거리이다. 그러므로 하나님을 두려워하라고 전하는 것을 절대 두려워하지 말라. 불신자들을 두렵게 만드는 것을 겁내지 말라. 이것은 그들을 위해 큰 호의를 베푸는 것이기 때문이다.

인간과 개

인간과 일반 개를 비교하는 것은 좋지 않다. 이러한 사람을 개에 비교한다는 것은 모욕적이기 때문이다. 그러나 나는 일단 비교를 해보려고 한다. 만일 당신도 정말 개를 좋아한다면 내가 하는 것처럼 해보라. 나는 샘이 바닥에 누워 있는 것을 보면 그 옆에 같이 누워 눈을 바라보면서 이야기를 한다.

나는 샘이 알아들을 수 있는 키워드를 섞어 이야기를 한다. 이를테면 "우리 오늘 '자전거' 타고 나갔었지. '고양이'나 '다람쥐'를 보지 못했어. 그렇지만 우리는 '개'를 봤지." 주요 단어들을 말할 때마다 샘은 무엇인가를 떠올리려 애쓰는 것 같다. 당신도 직접 해보면 개의 머릿속에서 무엇인가가 진행 중이라는 것을 확인할 수 있다. 그리고 그 다음에는 어김없이 머리를 바닥에 바짝 붙이고 나를 바라보며 꼬리를 크게 흔든다. 내가 보인 친밀감이 샘을 기쁘게 한 것이다.

하나님이 인간이 되신 것을 생각할 때 기쁘지 않은가? 하나님이 우리 수준까지 낮아지셨다. 그리스도 안에서 우리는 아주 가까이 친밀하게 하나님과 마주 한다. 예수님이 성경을 풀어주실 때 마음이 뜨거워졌던 제자들처럼 우리도 성경을 통해 하나님을 마주할 때 마음이 타오르게 된다. 성경에는 하나님이 얼마나 놀라우신지를 깨닫게 하는 키워드들이 담겨 있다.

그러나 성경의 키워드들은 십자가로 표현된 사랑이라는 단어에서

극대화 될 때, 우리는 크게 놀란다.

> 예수께서 다만 잠시 동안 천사들보다 낮아지셔서, 죽음의 고난을 당
> 하심으로써, 영광과 존귀의 면류관을 받아쓰신 것을, 우리가 봅니다.
> 그는 하나님의 은혜로 모든 사람을 위하여 죽음을 맛보셔야 했습니
> 다. (히브리서 2:9)

멍멍이 샘과 함께 전도하다.

저 멀리 한 사람이 피크닉 의자에 앉아있는 것이 보였다. 가까이 가
보니 20대 초반쯤 되어 보이는 남자였다. "전에 제가 이걸 드린 적이
있나요?" 십계명 동전을 건네며 물었다. 그리고 내세에 대해 생각해본
적이 있는지 물었다. 그는 혼자 있기를 좋아하는 사람이었다. 검은 색
옷에 머리는 빡빡 밀었고, 미간을 찌푸리고 있었으나 목소리는 아주
상냥했다. 그의 외모와 태도로 인해 나는 약간 긴장했다.

나는 주제를 바꾸어 그에게 개가 있는지 물었다. 그러자 그의 목소
리 톤이 약간 올라가더니 핏불('투견용 개로 작지만 강하다.)이 얼마나 귀여운
지 이야기 했다. 내 소개를 한 후 그의 이름을 물었다. 그리고 촬영을
해도 되느냐고 물었다. 그는 카메라 촬영을 원치 않는다고 단호하게
말했다. 카메라를 끄고 이야기를 나눌 수 있겠느냐고 물었더니 그는
더 이상 이야기를 하고 싶지 않다고 말했다.

나는 위험을 무릅쓰고 말했다. "몇 가지 질문을 하겠습니다." 그리고 그를 십계명에 관한 이야기로 끌어들였다. 회개하고 예수님을 믿어야 된다는 말로 대화를 마친 후 내가 말했다. " 대니, 내키지 않는데도 내 이야기를 들어줘서 고마워요."

내가 지하철 선불카드를 건네자 그가 말했다. "죄송해요. 너무 고집을 부려서. 그런데 당신 고집도 만만치 않은 것 같아요," 그에게서 그런 말을 듣는 것이 오히려 격려가 되었다. 샘과 함께 자전거를 타고 자리를 뜨면서 나는 나 역시 고집불통이라는 것에 기분이 좋았다. 잃어버린 자들을 향한 사랑으로 여러분 역시 고집불통이 되기를 바란다.

제12장
과학과 악의 문제

유명한 무신론자 샘 해리스는 말했다. "신은 재앙을 멈추기 위해 아무 일도 할 수 없습니다. … 또 관심도 없습니다. 그리고 존재하지도 않습니다. 신은 무능력하고, 악한 상상속의 존재입니다. 자유롭게 선택하십시오, 그러나 현명한 선택을 하십시오."

아마도 이 언변이 뛰어난 무신론자는 고통의 문제에 대한 이 유명한 답변에 있어서는 철두철미하고 신중하게 임하지 않은 것 같다. 그러나 이러한 문제를 거론하고 답변은 제한하는 것은 지적논쟁에 있어서 불공평하다. 그의 모든 답변은 이것 아니면 저것 식으로 극히 제한적이다. 해리스는 몇 가지 검증되지 않은 이유를 들어 이해가 불가할 정도로 복잡한 DNA와 우주를 만든 창조자를 무력하고, 쓸모가 없어진 존재로 그린다. 아니면 그 창조주가 인류를 도울 수 있으면서도 책임을 떠맡지 않는 악한 신이라고 생각한다. 그러나 해리스는 이러한 주장을 할 수 없다, 그는 무신론자이기 때문이다. 무신론자인 그에겐 비판할 신도 없고 도덕성에 대한 절대불변의 기준도 없다. 그에게 인생은 단지 역사상 특정 시간에 사회 속에 존재하는 것이다. 그에겐 선 또는 악을 판단할 만한 그 어떤 기준도 없기 때문에 궁극적인 악이나 선이 존재하지 않는다. 그래서 하나님을 악하다고 비난하는 것은 말이 논리적으로 이치에 맞지 않는다.

'제 3의 선택'은 하나님은 상상 속의 존재라는 것이다. 이것은 해리스가 받아들인 선택이다.

그러나 그러한 선택은 당신을 바보로 만들 것이다. 왜냐하면 당신은 '무(nothing)'가 '모든 것(everything)'을 창조했다고 생각하는 것이며, 이것은 과학적으로 불가능하기 때문이다.

이성적인 사고를 하는 사람이라면 이것을 선택으로 볼 수 없다. 이것은 터무니 없는 주장이기 때문이다. 그래서 우리는 여러 가지 주장에 대해서도 열려 있어야 한다.

만일 사이코패스가 십여 명의 어린 소녀들을 강간하고 죽였다면 이 사건에 대해 판사는 어떠한 도덕적 **책무**(obligation)를 지게 할까? 정의가 제대로 실현되려면 그를 마음 편히 감옥에 앉아 있게 하는 것도 과분하다고 해야 하는가? 절대 아니다. 그는 처형을 기다리는 동안 최소한의 쉼을 누려야 한다. 판사의 유일한 도덕적 의무는 정의가 행해지는 것을 보는 것이다.

이 범죄자는 재판관이 자신을 돕기 위해 할 수 있는 것이 아무것도 없으며, 관심도 없으며, 아예 존재하지도 않을 것이라는 결론을 내릴 것이다. 그러나 이것은 재판관이 정의를 얼마나 사랑하는지 모르고 내리는 판단이다. 그들은 재판관은 내키지 않더라도 범죄자를 도울 의무가 있다고 멋대로 생각함으로써 재판관의 특성을 평가 절하한다. 재판관이 극악무도한 범죄자에게 행할 것은 오직 정의이다. 갱생의 의지가 없는 인류는 어리석게도 인간의 본성은 추켜세우고, 하나님의 본성을 무참하게 갈가리 찢는다. 무신론자로서 샘 해리스는 하나님은 모든 인류의 시중을 들 도덕적 의무가 있다고 주장한다. 이것이야말로 우상숭배의 산물이다. 그는 성경의 빛을 거부한다, 그리고 자신의 어둠으로 하나님에 대한 자신만의 이미지를 만들어 냈다. 그러나 성경은 우리의 창조주를 정의의 근원이라고 말한다.

> 의와 공의가 주의 보좌의 기초라 인자함과 진실함이 주 앞에 있나이다. (시편 89:14)

그분은 우주의 심판관이시다. 그리고 우리는 자신의 죄 값으로 처형을 기다리는 극악한 범죄자들이다. 성경은 하나님은 거룩함으로 타오르는 불이며, 악한 인간에 대해 진노로 가득차 있으며, 모든 인간에게 사형선고를 내리셨다고 말한다. 우리는 하나님께 죄를 지었으므로 죽는다. 죽음은 하나님이 얼마나 죄에 대해 엄격한지를 보여주는 최종 증거이다. 그분에겐 우리의 행복을 보장해야할 의무가 없다. 우리를 향한 그분의 의무는 정의이며, 그 정의는 심판의 날에 완벽하게 행해질 것이다.

그러나 무슨 일이 일어났는지 보라!

하나님은 심판자로서의 옷을 벗고 범죄자를 대신했다. 그로인해 죄인은 자유롭게 되었다. 여러 명의 유명한 무신론자들과 친구가 될 정도니 나는 운이 좋다. 유감스럽게도 샘 해리스는 그들 가운데 포함되지 않는다.

그러나 영상을 통해 그를 보면 그는 이성적이고 호감이 가는 인물인 것 같다. 우리는 모든 무신론자들을 사랑하고, 자비로운 태도로 그들을 대해야 한다. 왜냐하면 우리도 한 때 그들과 같았다는 것을 알기 때문이다. 샘 해리스는 자신이 갖고 있는 지식만으로 판단할 수 있다. 성경말씀처럼 그는(다른 모든 잃어버려진 자들도 마찬가지임.)자신의 무지와 마음의 완고함 때문에 지각이 어두워지고, 하나님의 생명에서 떠나 있다. (에베소서 4:18 참조)

그러나 이러한 무지는 의도적인 억지 무지이다. 빛에 접근할 수 있는데도 빛보다 어둠을 사랑한다. 그리고 자신의 죄 많은 행동이 드러날까 봐 빛으로 나오려 하지 않는다고 성경은 말한다.

사도 바울이 아테네사람들에게 말할 때, 그는 그들의 무지에 대해 말했다. 그리고 그들이 무지했던 때에는 하나님이 눈감아 주셨지만, 이제는 알고 있으니 각처에 있는 모든 사람들에게 회개하라고 명령하신다고 말했다. (사도행전 17:30참조). 그리고 이것은 이 세상의 수많은 샘 해리스에게 우리가 필사적으로 전해야 할 메시지이기도 하다. 우리는 그들에게 심판의 날에 대해 경고해줄 정도로 충분히 그들을 사랑해야 한다. 우리는 무지라는 수풀 뒤에 몸을 숨길 수 없다.

행복의 추구

문제는 인간에겐 어떤 특권의식이 있다는 것이다. 즉 하나님에겐 인간을 행복하게 할 책임이 있고 인간은 행복해야할 권리가 있다고 믿는 것이다. 이러한 사고는 미국 독립 선언문의 두 번째 단락에서 확인할 수 있다.

> 다음과 같은 사실을 자명한 진리로 받아들인다. 즉 모든 사람은 평등하게 창조되었고, 창조주는 몇 개의 양도할 수 없는 권리를 부여했으며, 그 권리 중에는 생명과 자유와 행복의 추구가 있다. ("나무위키 인용)

그리고 우리가 범죄자의 편에 서서 그가 행복할 권리가 있다고 믿는다면, 재판관이 악하다는 결론으로 자연스레 귀결된다. 스텐포드 철학 백과사전에서는 "악(evil)"에 대해 다음과 같이 말한다.

> 제2차 세계대전부터, 도덕철학자, 정치철학자, 법 철학자들은 악의 개념에 대해 점점 더 많은 관심을 갖게 되었다.

이러한 관심에는 집단학살, 테러공격, 다중살인, 고문, 사이코패스에 의한 연쇄살인과 같은 다양한 잔혹성과 공포에 대해 알고 싶어 하는 일반인, 사회과학자, 저널리스트, 정치인들이 부분적으로 영향을 미쳤다. 우리는 이러한 악행과 가해자들을 "옳지 않음"이나 "나쁨", 아니면 "매우 옳지 않음"이나 "매우 나쁨"등으로는 도덕적 심각성을 파악할 수 없다.

우리는 악의 개념을 알아야 한다. 혼동을 피하기 위해서 넓은 의미에서의 악과 좁은 의미에서의 악이 있다는 것을 아는 것이 중요하다. 넓은 의미에서의 악에는 안 좋은 상태임, 그릇된 행동, 또는 성격의 결함이 포함된다. 질병으로 인해 고통 받을 때 질병은 넓은 의미에서의 악이며, 이것은 악의 없는 거짓말과 유사하다. 넓은 의미에서의 악은 자연적인 악과 도덕적 악, 두 가지 범주로 나뉜다.

자연적 악은 고의적 또는 행위자의 고의성 또는 도덕적 태만과는 관계없이 생성되는 안 좋은 상태나 사건이다.

자연적인 악의 예로는 허리케인과 질병을 들 수 있다. 이와는 반대로 도덕적 악은 행위자의 고의성 또는 도덕적 태만으로 인해 나타난다. 살인과 거짓말은 도덕적 악의 예이다. 자연적 악과 도덕적 악을 모두 포함하는 넓은 의미에서의 악은 '악의 문제에 관한 토론'에서처럼 신학적 악과 그 맥을 같이 하는 경향이 있다. 악의 문제는 곧 전지전능하고 선한 신이 창조한 세계 안에 왜 악이 존재하는가를 설명해야하는 문제이다.

만일 창조주가 선한 본성을 지니고 있다면 이 세상에 악이 존재할 리

없다. 그러나 이 세상에는 악이 존재한다. 따라서 전지전능하고 선한 창조주는 존재하지 않는다고 믿을만하다. [77]

불신자들을 향한 흥미로운 질문은 "하나님이 당신에게 무엇을 요구한다고 생각하십니까?"이다. 많은 사람들이 하나님은 우리가 도덕적으로 선한 사람이 되기를 원하신다고 생각한다. 그러나 선한 사람이 되기 위한 요구사항들이 너무 버겁다. 하나님은 당신에게 마음을 다하고, 목숨을 다하고, 힘을 다하고, 뜻을 다하여, 그분을 사랑하라고 **명령하신다**. 그리고 그 명령은 더욱더 버거워진다. 예수님은 하나님을 향한 사랑이 남편이나 아내, 형제나 자매를 향한 사랑보다 커야하며, 심지어 하나님을 위해 자기 목숨까지도 미워할 정도가 되어야 한다고 말씀하셨기 때문이다. 만일 당신이 불신자라면 다음과 같은 질문을 하고 싶다.

"하나님은 당신에게 **명령할** 권리가 있다고 생각하십니까?" 만일 아니라고 대답한다면, 당신의 눈을 주신 분이 누구냐고 묻고 싶다. 이 질문에 대해 부모님이 주셨다고 답하는 사람들이 있을 것이다. 부모의 몸에서 태어났다고 부모가 눈을 만들었다고 할 수 없다. 왜냐하면 당신이 눈을 멀게 되면 부모님에게 가서 눈을 다시 만들어달라고 말해야 하기 때문이다. 정말 이런 말을 한다면 아마도 당신은 정신과의사의 검사를 받아야 할 것이다.

─────── 제13장 ───────

믿지 않는 사람들이
가장 많이 하는 변명 10가지

아마 여러분은 '멍멍이 샘과 함께 전도하다.'를 읽으면서 하나님의 도덕법, 즉 율법의 빛은 인간의 죄를 드러내면, 인간은 늘 자기 자신을 정당화하려고 애쓴다는 것을 사실을 깨달았을 것이다. 죄책감은 유쾌한 것이 아니라서 변명을 통해 그것을 떨쳐내려고 애쓴다. 어두운 밤에 과자 항아리에서 과자를 훔치는 아이를 생각해보라. 아이의 아빠가 전등을 켰을 때, 아이의 입에는 온통 초콜릿이 묻어있고, 항아리의 뚜껑은 열려 있으며, 과자는 사라진 것을 보게 된다.

들켜버린 아이는 죄를 인정하든가 아니면 자신을 정당화하든가 둘 중 한 가지 반응을 보일 것이다.

우리 모두가 하나님께 죄를 범했다. (로마서 3:23참조).

과자 항아리에 손을 넣다가 들킨 우리는 초콜릿으로 범벅된 채 겁먹은 얼굴을 하고 있다. 이제 우리는 둘 중 하나를 택해야 한다. 우리의 죄를 감추려고 애쓰거나 아니면 죄를 고백하는 것이다. 성경은 이렇게 경고한다.

> 자기의 죄를 숨기는 자는 형통하지 못하나 죄를 자복하고 버리는 자
> 는 불쌍히 여김을 받으리라. (잠언 28:13)

하나님의 법은 죄인들 속에 빛을 비추어 잠자고 있는 양심을 일깨
운다는 것을 알고, 구원받지 못한 사람들에게 전도하기 원하는 그리
스도인들에게 큰 위로가 되는 말씀이 있다.

> 그런 사람은, 율법이 요구하는 일이 자기의 마음에 적혀 있음을 드러
> 내 보입니다. 그들의 양심도 이 사실을 증언합니다. 그들의 생각들이
> 서로 고발하기도 하고, 변호하기도 합니다. (로마서 2:15, 새 번역)

즉 우리 마음속에 율법이 새겨져 있다는 것을 양심이 증언한다. 이
것은 마치 검찰측 증인과 같아, 유죄 판결을 받아내기 위해 싸우게 될
것이다. 사도 바울은 율법과 양심의 관계에 대해 설명한 후, 율법의 역
할은 죄를 알게 하는 것이라는 것을 보여준다.

> 그런 사람이 남을 가르치면서 왜 자기 자신은 가르치지 못합니까? 또
> 남더러는 도둑질을 하지 말라고 설교하면서 왜 자신은 도둑질을 합
> 니까? (로마서 2:21,22 새 번역)

내가 전도할 때 불신자들에게 질문을 하면 그들은 자신이 거짓말쟁이고, 도둑이고, 신성모독자이고, 마음으로 간음한 자라고 인정했다. 하나님의 법이 그들 마음을 비춘 것이다. 그들은 분명 과자 항아리 속에 손을 넣은 채로 있는 아이와 같다. 그리고 그들의 양심이 맡은 바 의무를 행하기 시작하면서 그들의 행위를 비난하면, 그들은 자신을 정당화 하려고 애쓸 것이다.

이들이 자신을 정당화하기 위해 사용하는 변명과 그에 대한 간단한 반론을 소개한다. (이것이 그들에게 도움이 되기를 바란다.)

1. "사소한 거짓말일 뿐인 걸요. 전혀 심각하지 않습니다."
하나님께 죄는 사형을 선고할 정도로 매우 심각합니다. 성경은 말합니다.

"주님은 거짓말을 하는 입술은 미워하시지만 …"(잠언 12:22).

2. "모든 사람들이 거짓말을 하는 걸요."
심판의 날에 우리는 하나님께 모든 사람에 대해 해명을 하는 것이 아니라 자신에 대해 해명하게 될 것입니다. 고속도로에서 과속으로 경찰관에게 걸렸을 때, 다른 사람들도 다 그렇게 한다고 답하는 것은 전혀 도움이 안 됩니다. 율법은 당신 개인의 죄에 대해 책임을 지게 할 것입니다. 다른 사람의 행위는 당신의 재판과 전혀 관련이 없습니다.

3. "다 지난 일인 걸요."

모든 것이 지나갑니다. 법정에서 판결을 받을 때도 이 말이 통할까? 그렇다면 은행을 털고 나서 판사에게 "이미 지난 일"이라고 말하면 풀어줄 것이라고 생각하는 것은 말도 안 됩니다.

4. "저는 좋은 일도 합니다."

범죄자가 판사에게 자기는 좋은 일도 한다고 말하더라도 그것은 사건과 아무런 관련이 없습니다. 형법은 당신의 선행이 아니라 오로지 당신의 범죄행위만 다룹니다. 하나님은 당신의 범죄행위만 다루시고, 그 행위에 대한 판결을 내리실 것입니다.

5. "하나님은 사랑이 많으시고 친절하시잖아요."

우리 자신에게 맞추어 만든 신을 "우상"이라고 부릅니다. 당신이 대면해야 할 하나님은 사랑이 많으시고 친절하십니다. 그러나 그분은 정의로우시며 거룩하시기 때문에 결코 당신의 죄를 없던 일로 하지 않으실 겁니다. (출애굽기 34:7 참조).

6. "저는 하나님을 믿지 않아요."

그것은 중요하지 않습니다. 당신이 하나님을 믿든 안 믿든 심판의 날에 그분과 대면해야 합니다.

7. "하나님은 홍수로 수많은 사람들을 익사시킴으로써 대학살을 시키셨습니다."

당신은 스스로가 인정한 거짓말쟁이고, 도둑이고, 신성모독자이고, 마음으로 간음한 자입니다. 재판관을 악하다고 비난할 입장이 못 됩니다.

8. "저는 십계명을 믿지 않아요."
율법을 모르는 것이 변명이 되지 않습니다. 하나님은 당신의 양심을 통해 율법을 마음속에 두셨습니다. 심판의 날에 당신은 변명의 여지가 없을 것입니다.

9. "지옥에 가도 상관없어요."
지옥에서 단 2초만 있어도 그러한 생각이 바뀔 것입니다. 그곳엔 탈출구도 없습니다.

10. "저는 지옥을 믿지 않아요."
범죄자가 사형선고를 받고, 자기는 그 선고를 믿지 않는다고 말할 경우, 그의 불신이 현실을 바꾸지는 못합니다. 하나님은 심판의 날에 그분의 정의를 행하실 것입니다.

이러한 논쟁에서 이길 수 있다는 것을 항상 명심하라. 당신은 단지 불신자에게 그가 끔찍한 위험에 처했다는 것을 알리고, 구세주의 도움을 구하기를 원해야 한다. 당신이 바라는 것은 그의 헛 소망을 깨뜨리는 것이다. 당신은 배도 없이 그를 나이아가라 강에 빠뜨리고 있는 것이다. 그렇게 해야만 강변에서 던져주는 구원의 밧줄을 잡을 것이라고 생각하기 때문이다. 살기 위해서는 그 밧줄을 잡아야 된다는 것을 깨닫도록 돕는 역할을 하는 것이 율법이다. 율법은 복음이 기쁜 소식이라는 것을 알게 한다. 율법은 은혜의 길을 예비한다. 오래 전 내 헛된 소망이 부서지고, 내가 회심을 했던 그 밤을 나는 절대 잊지 못한다.

나는 예수님의 말씀을 보면서 위안을 얻었다.

"또 간음하지 말라 하였다는 것을 너희가 들었으나" (마태복음 5:27)

그 유명한 산상수훈의 한 구절이다. 이 말씀을 통해 나는 천국을 확신했다. 왜냐하면 나는 그 계명을 지켰기 때문이다. 그것은 나에게 위로와 구원의 소망을 주었다. 그러나 그 다음 구절에 이르러 내 소망은 순식간에 박살이 났다.

"나는 너희에게 이르노니 음욕을 품고 여자를 보는 자마다 마음에 이미 간음하였느니라." (마태복음 5:28)

그분의 말씀은 죄 많은 내 가슴에 사망의 화살을 쏘았다. 모든 소망이 사라졌다. 나는 소망도 없이 지옥을 향하고 있을 뿐이었다. 그리고 마음 속으로 울부짖었다.

"제가 무엇을 해야 됩니까?"

처음으로 나는 내가 눈멀고, 죄가 가득하고, 회복이 불가능한 상태에 있다는 것을 깨달았다. 그러자 나는 의에 주리기 시작했고, 복음의 기쁜 소식을 받아들일 준비를 했다.

이 책을 마치며

이 책을 읽어주셔서 감사합니다. 만일 당신이 불신자라면, 아무쪼록 영원한 구원에 대해 생각해보기 바랍니다. 거듭 말씀드리지만, 지금 또한 성경은 하나님의 말씀이라는 사실을 자신있게 말하지 않을 수 없습니다. 먼저 저는 여러분이 큰 위험에 처해 있다는 것을 확신시키고 싶습니다. 그래서 여러분에겐 구세주가 절실하게 필요합니다.

만일 당신이 믿는 사람이라면, 당신의 믿음을 전하십시오. 예수님처럼 율법을 사용하여 복음을 전하십시오. 특히 이 책의 앞부분에서 언급했던 내용들을 기억하시기 바랍니다. 그것들은 너무도 중요하기 때문입니다.

우리 집에 캐노피를 배달했던 젊은이들 이야기를 했던 것을 기억하십니까? 그 때 저는 아무런 준비가 되어 있지 않았기 때문에 얼마나 겁을 집어먹었는지 기억하십니까? 저는 그들에게 복음을 전할 수 있는 마음의 준비가 되어 있지 않았습니다. 마음의 준비는 꼭 필요합니다. 제가 겁을 먹는 주된 이유는 정신적으로 준비가 부족했기 때문입니다. 불신자에게 다가가 복음을 전해야 된다는 것을 알지만 두려움을 극복하지 못했습니다.

그러나 사도바울은 계획을 세웠습니다. 다음 성경구절을 보십시오.

나는 여러분 가운데서 예수 그리스도 곧 십자가에 달리신 그분 밖에
는, 아무것도 알지 않기로 **작정하였습니다.** 내가 여러분과 함께 있을
때에, 나는 약하였으며, 두려워하였으며, 무척 떨었습니다. 나의 말과
나의 설교는 지혜에서 나온 그럴 듯한 말로 한 것이 아니라, 성령의
능력이 나타낸 증거로 한 것입니다. ... (고린도전서 2:2-4, 새번역 이탤릭체
는 강조부분)

바울은 두려워했지만 마침내 "작정하였습니다." 그는 두려움을 극
복할 마음의 준비가 되어 있었습니다. 그리고 당신이 두려움을 극복하
고, 구원받지 못한 사람들에게 복음을 전할 때에 무슨 말을 할지 시간
을 내서 계획을 세우십시오. ... 준비하는 것보다 더 중요한 것은 없습
니다. 몇 년 동안 제가 늘 하던 말이 있습니다. 당신이 전도를 하러 갈
때에는 발을 질질 끌다시피 하겠지만, 돌아올 때에는 깡충깡충 뛰게
될 것이라고 말입니다.

제가 좋아하는 설교가, 찰스 스펄전의 훌륭하고 지혜로운 말로 글
을 마무리하겠습니다.

우리 주님이 하신 것처럼 율법의 영성으로 우리의 악한 생각과, 의도

와 상상에 의해 파괴된 것들을 비추십시오. 이렇게 함으로써 많은 사람들이 마음에 찔림을 받을 것입니다.

믿음의 선배 로비 플록하트는 이렇게 말하곤 했습니다. "율법이라는 날카로운 바늘을 먼저 꽂지 않으면 복음이라는 비단실로 꿰매려는 노력이 헛수고입니다."

바늘에 해당하는 율법이 앞서고, 실에 견줄 수 있는 복음이 뒤따라야 합니다. 그러므로 먼저 죄와 의와 다가올 심판에 대해 전하십시오.

시편 51편에서 자주 등장하는 단어들을 사용하십시오. 하나님은 우리 내면의 진실을 원하신다는 것과 죄악을 씻어내기 위해서는 희생제물의 피가 절대적으로 필요하다는 것을 보여주십시오.

마음을 겨냥하십시오. 상처를 감지해내고 아주 신속하게 영혼을 만지십시오. 심각한 주제를 논하는 것을 회피하지 마십시오, 왜냐하면 인간은 치료를 받으려면 먼저 상처를 입어야 합니다. 그리고 살기 위해서는 먼저 죽어야 합니다. 무화과나무 잎으로 만든 치마를 벗어던지기 전에는 그리스도의 의의 옷을 절대 입을 수 없습니다. 자신의 더러움을 인식하기 전에는 절대로 자비의 샘으로 씻을 수 없습니다. 그러므로 형제 여러분, 우리는 율법과 율법의 요구와 율법의 경고, 그리고 수도 없이 율법을 어기는 죄인에 대해 선포하는 것을 멈추어서는 안됩니다.[78]

하나님께서 당신을, 또 그분을 위한 당신의 수고를 축복하시기를 바랍니다.

주) ───

1) Christopher Hitchens vs. Douglas Wilson debate: "Is Christianity Good for the World?" October 29, 2008, The King's College, tinyurl.com/y75xa6w5.

2) "51% of Churchgoers Don't Know of the Great Commission," Barna Group, March 27, 2018, tinyurl.com/y9jlwkq2.

3) Bill Bright, *The Coming Revival* (Orlando, FL: NewLife Publications,1995), p. 65.

4) "Astronomy—Earth Hangs In Space," StreetWitnessing.org, tinyurl.com/jb3fdbf.

5) "Is the Bible Scientifically Accurate?" Alpha Omega Institute, tinyurl.com/ybk8xrcj.

6) 500 Questions about God & Christianity, May 21, 2011, tinyurl.com/y96oqlrg.

7) Ibid.

8) 1 Samuel 2:8 Commentary, *John Gill's Exposition of the Bible*, tinyurl.com/yalkh3qx.

9) Eric McLamb, "How Much Does Earth Weigh?" Ecology.com, September 8, 2008, tinyurl.com/yb2jy54n.

10) "Are we really all made of stardust?" Physics.org, physics.org/articlequestions.asp?id=52.

11) Elizabeth Howell, "Humans Really Are Made of Stardust, and a New Study Proves It," Space.com, January 10, 2017, tinyurl.com/ya7awnzt.

12) Antony Flew, Wikipedia.com, wikipedia.org/wiki/Antony_Flew.

13) Antony Flew, *There Is a God: How the World's Most Notorious Atheist Changed His Mind*(New York: HarperCollins, 2007), p. 75.

14) Ibid., pp. 88-89.

15) "Cotton and U.S. Currency," Cotton.org, tinyurl.com/y8sms4ng.

16) "U.S. Currency: How Money is Made—Paper and Ink," US Department of the Treasury, Bureau of Engraving and Printing, tinyurl.com/ybxjs5s6.

17) Ibid.

18) Parija Kavilanz, "Guess what? Dollar bills are made of cotton," CNN Money, March 8, 2011, tinyurl.com/ya5acajv.

19) Stuart Wavell, "In the beginning there was something," *The Sunday Times* (UK), December 19, 2004.

20) These are available through LivingWaters.com.

21) Doyle Rice, "Far out: Astronomers discover most distant star ever seen," *USA Today*, April 2, 2018.

22) "How Great Thou Art," © 1949 and 1953 by the Stuart Hine Trust.

23) *"What is the biggest star we know?" StarChild, NASA/GSFC, tinyurl. com/y95ufgca.*

24) *Corey S. Powell, "The Man Who Made Stars and Planets," Discover magazine, January 12, 2009.*

25) *Richard Gray, "Is your dog happy to see you? Look at its eyebrows to find out," The Telegraph (UK), July 30, 2013.*

26) *"The Criminal Justice System: Statistics," rainn. org/statistics/criminaljustice-system.*

27) *Cathal O'Connell, "What Is Light?" Cosmos magazine, June 14, 2016.*

28) *Colin Barras, "What Is a Ray of Light Made Of?" BBC. com, July 31,2015.*

29) *Wayne Jackson, "What Was that 'Light' before the Sun (Genesis 1:3)?" ChristianCourier. com, tinyurl. com/y75xtqzc.*

30) Clara Moskowitz, "What Makes Earth Special Compared to Other Planets," SPACE. com, July 8, 2008.

31) World Health Organization, September 12, 2018, who. int/news-room/fact-sheets/detail/cancer.

32) Jennie Cohen, "A Brief History of Bloodletting," History, May 30, 2012, tinyurl.com/lmohl49.

33) Lecia Bushak, "Scientists Create Artificial Blood That Can Be Produced On An Industrial Scale: A Limitless Supply Of Blood?" Medical Daily, April 15, 2014, tinyurl. com/yb5cugbc.

34) Sophie Weiner, "How Quickly Can We Circumnavigate the World?" Popular Mechanics, March 31, 2018.

35) Melissa Hogenboom, "We have known that Earth is round for over 2,000 years," BBC. com, January 26, 2016, tinyurl. com/hyzhfrm.

36) Kay Brigham, Christopher Columbus: His life and discovery in the light of his prophecies (Terrassa, Barcelona: CLIE Publishers, 1990).

37) As quoted by Paul G. Humber in "Columbus and His Creator," ICR, October 1, 1991, icr. org/article/columbus-his-creator.

38) Flat Earth Society, wiki. tfes. org/Frequently_Asked_Questions.

39) Hogenboom, "We have known that Earth is round for over 2,000 years," BBC. com.

40) Meghan Bartels, "Scientists Used a Super Powerful Cannon to Show How Asteroids Can Carry Water Between Worlds," Newsweek, April 25, 2018.

41) Lenntech, Water Chemistry FAQ, tinyurl.com/y963rwum.

42) Bartels, "Scientists Used a Super Powerful Cannon," Newsweek.

43) Ibid.

44) Ibid.

45) Effie Munday, "Matthew Fontaine Maury: Pathfinder of the seas," Creation, vol. 6, iss. 2, November 1983, pp. 25-28.

46) Rev. T. M. Eddy, "The Sea," The Ladies' Repository, vol. 15, iss. 8, August 1855, pp. 460-461.

47) Matt Williams, "What percent of Earth is water?" Universe Today, December 2, 2014, tinyurl.com/y99ajxmm.

48) A Life of Matthew Fontaine Maury, compiled by Diana Fontaine Maury Corbin (London: Sampson Low, Marston, Searle, & Rivington, Ltd., 1888), pp. 176, 178.

49) Ibid., pp. 158-160.

50) Miriam Kramer, "Let Stephen Hawking blow your mind with what happened before the Big Bang," Mashable.com, March 5, 2018, tinyurl.com/yyn6op9p.

51) Jamie Seidel, "Stephen Hawking says he knows what happened before the dawn of time," News.com.au, March 3, 2018.

52) Ibid.

53) Kramer, "Let Stephen Hawking blow your mind … ," Mashable.com.

54) "What Is Weather and Climate?" Mocomi.com, mocomi.com/weatherand-climate.

55) Alecia M. Spooner, "What Is the Hydrologic Cycle?" Dummies.com, tinyurl.com/ydajsftf.

56) Mississippi River Facts, National Park Service, nps.gov/miss/riverfacts.htm.

57) Nola Taylor Redd, "How Old is the Universe?" Space.com, June 7, 2017.

58) The Guardian, February 4, 2016, tinyurl.com/yas6q6xr.

59) Tim Lovett, "Thinking Outside the Box," Answers magazine, April-June 2007, tinyurl.com/ycgygbqf.

60) Sarah Knapton, "Scientists: Noah's Ark Would Have Floated With 70,000 Animals If Built By Dimensions In The Bible," The Telegraph, April 3, 2014.

61) Antony Flew, "How the World's Most Notorious Atheist Changed His Mind," interview with Dr. Benjamin Wiker, October 30, 2007, tinyurl.com/ycp5otw2.

62) Peter Tyson, "A Short History of Quarantine," NOVA, October 11, 2004, tinyurl.com/ycz5tejx.

63) "History of Quarantine," Centers for Disease Control and Prevention, tinyurl.com/y7mcpj39.

64) Philip A. Mackowiak and Paul S. Sehdev, "The Origin of Quarantine," Clinical Infectious Diseases, vol. 35, iss. 9, November 1, 2002, pp. 1071072, doi.org/10.1086/344062.

65) Matthew Poole, "Commentary on Jude 1:23," Matthew Poole's English Annotations on the Holy Bible, studylight.org/commentaries/mpc/jude-1.html.

66) Allan K. Steel, "Could Behemoth have been a dinosaur?" Journal of Creation, vol. 15, iss. 2, August 2001, pp. 42-45.

67) Strong's Concordance, tinyurl.com/y9fcr98h.

68) Michael Greshko, "Huge Dinosaur Footprints Discovered on Scottish Coast," National Geographic, April 2, 2018.

69) Jim Barlow, "A one-two punch may have helped deck the dinosaurs," Science Daily, February 7, 2018.

70) Roff Smith, "Here's What Happened the Day the Dinosaurs Died," National Geographic, June 11, 2016.

71) "What Killed The Dinosaurs?" University of California Museum of Paleontology, ucmp.berkeley.edu/diapsids/extinction.html.

72) "How Did Dinosaurs Die?" Answers in Genesis, May 1, 2013, tinyurl.com/yaw7phmg.

73) Victoria Jaggard, "These Are the Dinosaurs That Didn't Die," National Geographic, May 2018.

74) Emily Singer, "How Dinosaurs Shrank and Became Birds," Quanta Magazine, June 12, 2015.

75) "Are Birds Really Dinosaurs?" University of California Museum of Paleontology, ucmp.berkeley.edu/diapsids/avians.html.

76) Allan K. Steel, "Could Behemoth have been a dinosaur?" Journal of Creation, vol. 15, iss. 2, August 2001, pp. 42-45.

77) "The Concept of Evil," Stanford Encyclopedia of Philosophy, August 21, 2018, plato.stanford.edu/entries/concept-evil.

78) Charles Spurgeon, "Lecture 23: On Conversion as Our Aim," Lectures to My Students.

Undeniable Evidence by Ray Comfort
Published by Bridge-Logos Inc.
Printed in the U.S.A.

부인할 수 없는 증거들[전도실용서]

성경에 있는 과학적 사실들 제2권

펴 낸 날	1판 1쇄 2020. 3. 30
지 은 이	레이 컴포트
옮 긴 이	임금선
펴 낸 이	이환호
편 집 자	민상기
표지디자인	민다슬
펴 낸 곳	도서출판 예찬사
등 록	1979. 1. 16 제 2018-000103
주 소	경기도 고양시 덕양구 중앙로 557번길 8-9. 엠앤지프라자 407-2호
전 화	02-798-0147-8
팩시밀리	031-979-0145
블 러 그	blog.naver.com/yechansa
전자우편	octo0691@naver.com

ISBN   978-89-7439-469-1-03230
Copyright ⓒ 도서출판 예찬사2019〈Printed in Korea〉

* 저자와 협약하여 인지를 생략합니다.
좋은 책은 좋은 사람을 만듭니다.
예찬사는 기독교 출판 실천윤리강령을 준수합니다.

일러두기- 본문성구는 주로 새번역성경을 사용하였습니다.